Wolf-Henning Petershagen

Schwäbisch für Besserwisser

Wolf-Henning Petershagen

Schwäbisch für Besserwisser

mit Illustrationen von Daniel Wiesmann

THEISS

Herausgegeben von der Südwest Presse, Ulm, mit ihren Partnerzeitungen: Alb Bote (Münsingen), Brenztal-Bote (Giengen), Geislinger Zeitung, Gmünder Tagespost (Schwäbisch Gmünd), Haller Tagblatt (Schwäbisch Hall), Heidenheimer Zeitung, Heidenheimer Neue Presse, Hohenloher Tagblatt (Crailsheim), Hohenzollerische Zeitung (Hechingen), Neckar-Chronik (Horb), NWZ Neue Württembergische Zeitung (Göppingen), Reutlinger Nachrichten / Pfullinger Zeitung (Reutlingen), Schwäbische Post (Aalen), Schwäbisches Tagblatt (Tübingen), Südwest Presse / Ehinger Tagblatt, Südwest Presse / Illertal Bote, Metzinger-Uracher Volksblatt / Der Ermstalbote (Metzingen), Südwest Presse / Die Neckarquelle (Villingen-Schwenningen), Neue Kreis-Rundschau (Gaildorf), Tauber-Zeitung (Bad Mergentheim), Zollern-Alb-Kurier (Balingen)

Bibliografische Information Der Deutschen Bibliothek
Die Deutsche Bibliothek verzeichnet diese Publikation in der Deutschen Nationalbibliografie; detaillierte bibliografische Daten sind im Internet über *http://dnb.ddb.de* abrufbar.

Umschlaggestaltung: Daniel Wiesmann, Stuttgart

Lektorat: Martin Müller, Ostfildern
Gestaltung und Satz: Daniel Wiesmann,
Staatliche Akademie der Bildenden Künste, Stuttgart
Druck und Bindung: Ebner & Spiegel GmbH, Ulm
ISBN 3-8062-1773-4

Vorwort

Bücher, die *im* schwäbischen Dialekt geschrieben sind, gibt es viele – Bücher mit Gedichten, Erzählungen, Theaterstücken, und sogar Übersetzungen aus der Bibel. Bücher *über* das Schwäbische sind seltener. Sie lassen sich fast alle zwei verschiedenen Sparten zuordnen. Entweder sind es wissenschaftliche Abhandlungen, die sich trocken mit der historischen Entwicklung und geographischen Verbreitung bestimmter Wörter und Lautformen oder auch mit Einzelfragen der Grammatik auseinander setzen – Schriften, die sich ganz überwiegend an wenige Spezialisten wenden. Oder es sind Sammlungen, in denen Mundartliches aufgelistet wird. Dialektausdrücke aus kleinen Regionen, schwäbische Redensarten oder auch der Wortschatz bestimmter Sachbereiche – bekannt sind die Schimpfwörterlexika, die beliebt sind, weil die Einheimischen alte Bekannte darin aufspüren und weil sie die Grobheiten als eine Art sprachlicher Frischzellentherapie betrachten.

Henning Petershagen schafft den Spagat zwischen diesen beiden Abteilungen. Er greift einzelne Wörter, Wendungen und Formen heraus, fragt nach ihrer Herkunft, ihrer Entstehung und Veränderung, und er zieht dabei alles zu Rate, was die Sprachwissenschaft erarbeitet hat. Oft entwickelt er aber auch eigene Theorien, und besonders Spaß macht es ihm, wenn er die Forschung auf ungelöste Probleme hinweisen kann. Und das ist nicht das einzige, das ihm Spaß macht: Die ganzen Skizzen sind ungemein lebendig und mit großer Freude an der Vielfalt und Treffsicherheit der Mundart geschrieben, und diese Freude teilt sich auch den Leserinnen und Lesern mit. Sie entsteht auch dadurch, dass Petershagen sich nicht auf die ständig vorgeführten schwäbischen Signale – vom sentimentalen *Grüß Gottle* bis zum derben *Schwäbischen Gruß* – beschränkt, sondern auch Unauffälliges aufgreift wie etwa die vielen kleinen Zwischensilben und

Zwischenwörter, die so etwas wie der Mörtel der Mundart sind. Wie sollte sich ein Schwabe verständigen ohne *ha, ha no* oder *gell*? Schließlich zeigt Henning Petershagen auch immer, wie man sich mit den behandelten Vokabeln verständigt; er verliert sich nie in der Sprachgeschichte, sondern zeigt auch mit großer Sensibilität die Funktion und damit den richtigen Gebrauch der Mundart in unserem Alltag.

Das Buch vermittelt Belehrung *und* Vergnügen. In welchem Mischungsverhältnis – darüber entscheiden vor allem die Leserinnen und Leser.

Prof. Dr. Herrmann Bausinger

Ludwig Uhland Institut
für Empirische Kulturwissenschaft
Universität Tübingen

Schwäbisch offensiv!

Es mag vermessen erscheinen, ein Buch »Schwäbisch für Besserwisser« zu überschreiben. Doch der offensive Titel ist Programm. Denn noch immer gibt es genügend Schwaben, die (meist vergebens) krampfhaft bemüht sind, ihren Dialekt zu verbergen, weil sie sich haben einreden lassen, Schwäbisch sei schlechtes oder gar falsches Deutsch.

Das aber ist ein gewaltiger Irrtum. Schwäbisch hat seine eigene Entwicklung durchgemacht, hat dabei oftmals ältere Sprachzustände konserviert, die der Schriftsprache verloren gegangen sind; es hat bisweilen seine eigene Logik – kurz: Es weicht oft von der so genannten »Hochsprache« ab. Doch deswegen ist es keineswegs falsch. Im Gegenteil: Manche Kapitel dieses Buches werden belegen, dass Schwäbisch nicht selten logischer und konsequenter ist als die Schriftsprache. Es besteht mithin kein Grund, sich vom Schwäbischen zu distanzieren. (Es besteht allerdings auch kein Grund, es auf Teufel komm raus bei jeder Gelegenheit breit und bekennend vor sich her zu tragen, weil das in der Tat abschreckt und nachvollziehbare Distanzierungsbedürfnisse auslöst.)

Das Buch ist hervorgegangen aus der Serie »Schwäbisch für Besserwisser«, die seit September 2001 in der Südwest Presse und ihren Partnerzeitungen erscheint. Dieser Serie einen solch anmaßenden Titel zu geben, habe ich mich erst getraut, nachdem ich mich der Rückendeckung durch die Schwäbisch-Koryphäe schlechthin versichert habe. Der Dialektologe Dr. Arno Ruoff, der die Tübinger Arbeitsstelle »Sprache in Südwestdeutschland« gegründet und jahrzehntelang geleitet hat und der für seine Mundart- und Flurnamenforschung mit dem Ludwig-Uhland-Preis ausgezeichnet wurde, prüfte jede einzelne Folge vor ihrer Veröffentlichung – gewissermaßen als professioneller Besserwisser. Für seinen wertvollen und lehrreichen Rat sei ihm an dieser Stelle ganz herzlich gedankt.

Mit der Gestaltung und Illustration dieses Bandes hat der Konrad Theiss Verlag neue Wege beschritten. Er übertrug diese Aufgabe an den Studiengang »Kommunikations-Design« der Staatlichen Akademie der Bildenden Künste Stuttgart unter Leitung von Prof. Niklaus Troxler. Die Auseinandersetzung der Studierenden mit den Feinheiten der schwäbischen Mundart hat eine ganze Reihe höchst origineller, intelligenter und gekonnter Vorschläge hervorgebracht, deren Qualität es schwer machte, sich für einen zu entscheiden. Die Wahl ist schließlich auf den Entwurf von Daniel Wiesmann gefallen.

Henning Petershagen

Inhalt

DER
BUTTER
ORIGINAL
SCHWÄBISCH

Nicht schlecht!

Wer Schwäbisch für schlechtes oder falsches Deutsch hält, irrt gewaltig

Gute Gründe für »das« Teller

Zu den sprachlichen Eigentümlichkeiten der Schwaben gehört, dass sie »das *Teller*« *sagen statt* »der *Teller*«. *Das muss einen Grund haben. Aber welchen?*

Obwohl das Wort *Teller* in den Wörterbüchern mit einem hinzugefügten (m.) zweifelsfrei als »männlich« gekennzeichnet ist, setzen sich die Schwaben hartnäckig über diesen verbindlichen Hinweis hinweg. »Tue endlich *des Teller* en d' Schpülmaschee!«, lautet der Befehl, und nicht etwa *den Teller*.

Nun sagt man den Schwaben zwar eine gewisse Eigenwilligkeit nach. Doch wäre es verfehlt, ihnen zu unterstellen, dass sie dem Teller jenes *das* nur deshalb voranstellen, um sich von den Nichtschwaben abzuheben oder sie zu brüskieren.

Also muss der Grund für diese sprachliche Abweichung ein anderer sein. Und tatsächlich: Wenn man die Geschichte dieser Vokabel näher betrachtet, drängt sich der Verdacht auf, dass es eine andere mentale Eigenschaft der Schwaben ist, die für *das* Teller ursächlich sein dürfte: das Beharrungsvermögen, die Abneigung, sich von Bewährtem zu verabschieden. Im späten Mittelhochdeutsch hieß es nämlich allenthalben *das teller*. Erst im 16. Jahrhundert wandelte sich in der Schriftsprache das *das* zum *der*.

Warum aber war es von Anfang an ein Neutrum gewesen? Die Antwort steht im Deutschen Wörterbuch der Gebrüder Grimm. Dort wird nachgewiesen, dass jenes Wort vom mittellateinischen *tellerium* entlehnt ist, und das ist ebenfalls ein Neutrum. Das Grimm'sche Wörterbuch verweist ferner auf die alten romanischen Varianten des Wortes *Teller*, italienisch *tagliere* und französisch *tailloir*. Doch die sind nicht, wie im Lateinischen und im Spätmittelhochdeutschen, Neutra, sondern Maskulina, was allerdings daran liegt, dass das lateinische Neutrum im Französischen und Italienischen heute als Maskulinum daherkommt. Schlägt man die beiden Begriffe *tagliere* und *tailloir* in den entsprechenden Wörterbüchern nach, fällt auf, dass die Übersetzung nicht etwa *Teller* lautet – weder *der* noch *das* –, sondern *Hackbrett* (Neutrum!). Damit ist nicht das gleichnamige Musikinstrument gemeint, sondern ein Brett zum Zerkleinern von Speisen. Denn »(klein) schneiden« bedeutet auf italienisch *tagliare* – ein Verb, das in den *tagliatelle* genannten Nudeln steckt.

Das entsprechende französische Zeitwort lautet *tailler*, wobei damit neben dem Zerschneiden von Speisen auch das Zuschneiden von Stoffen gemeint ist. Daher heißt der Schneider *tailleur* – im Englischen wurde er zum *tailor* –, und der Zuschnitt, den er vornimmt, ist die *taille*, die sich ausdehnt, wenn man zu viele *Tagliatelle* auf den oder das *Teller* lädt, zu dem wir hiermit wieder zurückgekehrt sind. Vielleicht rührt sein ursprüngliches Neutrum auch daher, dass das Neutrum des (Hack-) Brettes auf ihn übertragen wurde, da er dessen Funktion übernahm?

Wie auch immer: Es gibt allemal gute historische Gründe, weiterhin offensiv »*das* Teller« zu sagen – auch wenn das nichts an seinem Fassungsvermögen ändert.

Alles im Butter!

Wenn ein Schwabe der *Butter sagt anstatt* die *Butter, dann gilt das vielen als schlagender Beweis dafür, dass das Schwäbische ein falsches oder schlechtes Deutsch sei. Welch ein Irrtum!*

Woher eigentlich nehmen die Nicht-Schwaben ihre absolute Sicherheit, dass Butter ein weibliches Substantiv ist? Weil diese Fettmasse, falls nicht gerade unterkühlt, so schön weich ist? Oder weil sie aus Milch gewonnen wird, die ausschließlich von weiblichen Säugern stammt? Oder einfach deswegen, weil Butter sich auf »Mutter« reimt, deren Weiblichkeit über jeden Zweifel erhaben ist?

Butter, egal ob sahnig, mildgesäuert oder ranzig, ist ein Ding, eine Sache und somit ein Neutrum. Das haben bereits die alten Griechen erkannt, was der Grund dafür sein mag, dass sie jenes Milchprodukt *bútyron* (n.) nannten.

Darin stecken höchstwahrscheinlich das lautmalerische Wort *bus*, »das Rind«, und *tyros*, »der Käse«, der den Griechenland-Touristen als neugriechischer *tiri* noch heute mundet. Zwar glaubte Hippokrates, der griechische Arzt und Erfinder des nach ihm benannten Eides, das Wort sei skythischen Ursprungs. Doch sein Kollege und Landsmann Galen hörte aus der Vokabel *bútyron* das griechische Rind muhen.

Sehen wir einmal von den Fragen ab, wer von beiden Recht hat und wie gegebenenfalls aus dem maskulinen *tyros* das Neutrum *bútyron* werden konnte. Halten wir fest: Im Anfang war die Butter alles andere als ein grammatisches Femininum.

Verfolgen wir die Geschichte des Wortes weiter anhand der Spur, welche die Butter im Laufe der Jahrhunderte auf Pergamenten und Papieren hinterlassen hat. Im mittelalterlichen Latein finden wir das Wort *butyrum*, ebenfalls ein grammatisches

Neutrum, dem man den griechischen Ursprung noch ansieht. Dessen Mehrzahl lautet *butyra*, und daraus wurde das spät-althochdeutsche Wort *butira*. Das heißt, die lateinische Neutrum-Plural-Endung *-a* wurde durch die Übernahme des Wortes ins Deutsche möglicherweise als weibliche Endung missverstanden – was erklären mag, wie aus *das* Butter *die* Butter werden konnte.

Allerdings existierte daneben immer die männliche Form *der* Butter, die auch der Nürnberger Arzt Paracelsus im 16. Jahrhundert verwendete. Meist wurde das Wort ohne Artikel benutzt, weshalb es schwierig ist, festzustellen, wann es männlich oder weiblich aufgefasst wurde. Die Brüder Grimm vermuteten, dass der weibliche Gebrauch seit Luther zunahm. Für die männliche Form *der* Butter hat Kluges etymologisches Wörterbuch noch eine andere Erklärung: Es heiße *der* Butter, weil auch das alte deutsche Wort für Butter ein Maskulinum war: *der Anken*.

Wie auch immer: Wenn die Schwaben *der* Butter sagen, befinden sie sich in guter Gesellschaft. Denn auch den Franzosen (*le beurre*) und Italienern (*il burro*) kommt der Butter männlich vor.

der wo, die wo, des wo

Alle die, wo *nachweisen wollen, dass die Schwaben nicht Deutsch können, machen regelmäßig geltend, dass der Schwabe statt* derjenige, welcher *lieber* der, wo *sagt.*

Für die Ohren der Hochsprachler klingt es exotisch bis entsetzlich, wenn ein Schwabe seinen Relativsatz mit *wo* einleitet: Des isch der, *wo* mir vor zwei Jahr a Bier zahlt hat. Des isch die, *wo* immer falsch rausgibt. Des isch des Saumensch, *wo* nie sei Kehrwoch macht.

Bevor wir fragen, ob diese Art, Relativsätze zu bilden, legitim ist oder nicht, ist erst einmal zu untersuchen, ob sie sinnvoll ist. Am besten wird man das im Vergleich mit der Hochsprache ermessen. In der hieße es *der, der* statt *der, wo* und *die, die* statt *die, wo*. *Der, der* und *die, die* hören sich an wie eine Platte mit Sprung. Andere Möglichkeiten wären *der, welcher* oder *die, welche*. Das wiederum klingt nach heutigem Sprachgefühl etwas altertümlich. Auch *derjenige, der* oder *diejenige, die* sind nicht viel besser. Allein unter dem Gesichtspunkt des Wohlklangs spricht daher im Grunde alles für *der, wo* und *die, wo*.

Gelegentlich genügt den Schwaben *der, wo* nicht. In manchen Fällen steigern sie sich zu *der …, der wo*. Das macht vor allem Sinn in Sätzen, wo nicht mehr eindeutig ist, worauf sich das *wo* bezieht. Wenn es etwa heißt: »Des isch des Saumensch vom dritte Stock …«, dann kann es sachdienlich sein, den Relativsatz einzuleiten »…, *des wo* nie sei Kehrwoch macht«. Dann ist klar, dass mit dem geschlechtsneutralen *wo* nicht der Stock, sondern das Mensch gemeint ist.

Nun aber zur Frage, ob die Nichtschwaben zu Recht oder zu Unrecht erschauern, wenn sie *der, wo* und dergleichen hören. Hierzu empfiehlt sich der Blick in das Deutsche Wörterbuch der

Brüder Grimm. Dort steht, dass *wo* nicht nur nach dem Ort fragt, sondern auch relativ gebraucht wird. Ursprünglich geschah dies dort, *wo* es – wie hier – um eine Ortsangabe ging oder um die Zeit: der Tag, *wo* der Regen kam.

Der Einsatz des relativen *wo* entfernte sich von konkreten Orts- und Zeitvorstellungen; *wo* ersetzte nun auch »präpositionale Verbindungen« wie *bei dem* oder *in denen*: Gottsched schrieb in seiner Deutschen Sprachkunst über Sprachen, »*wo* … vieles nach gewissen Regeln übereinstimmt«, und selbst Goethe berichtete über optische Versuche, »*wo* man oft mit blendenden Lichtern zu thun hat«. Schließlich verzeichnet Grimm jene Fälle, wo *wo* in allen Fällen das Relativpronomen vertritt: *der, wo / die, wo / das, wo / dem, wo / dener, wo / den, wo / denen, wo*. Doch sei diese Verwendung nur in den Mundarten breiter entfaltet. Nicht vergessen sei schließlich jenes *wo*, das im Schwäbischen die Konjunktion *als* ersetzt: *Wo* i komme bin, war scho alles aufgesse.

Wo dient also auch in der Hochsprache zu weit mehr, als nur nach dem Ort zu fragen. Und daraus beantwortet sich die Frage, ob das spezifisch schwäbische *die, wo* falsch sei, mit einem eindeutigen: I wo!

Häusle- oder Häuslesbauer?

Da der Schwabe es mit allem sehr genau nimmt, zerbricht er sich auch hin und wieder den Kopf darüber, ob es richtig Häuslesbauer *oder* Häuslebauer *heißt.*

Die Version *Häuslebauer* hat gegenüber dem *Häuslesbauer* den unbestreitbaren Vorteil, dass man sowohl beim Sprechen wie beim Schreiben ein *s* gespart hat.

Aber das ist nicht das Hauptargument jener, die den *Häuslebauer* für richtig und den *Häuslesbauer* – und mit ihm die *Spätzlesmaschine* und das *Friedhofsamt* – für falsch halten. Sie orientieren sich nicht an der Ökonomie, sondern an der Logik: Der Bauherr baue kein *Häusles*, sondern ein *Häusle*, sagen sie und fügen hinzu: Das Gerät zur Fabrikation der regionalen Leibspeise sei nicht die Maschine *des Spätzles* und daher auch nicht als solche zu bezeichnen. Und die Verfechter des *Friedhofamtes* ohne *s* führen ins Feld, dass dieses nicht das Amt des Friedhofs, sondern das für den Friedhof zuständige Amt sei.

Beginnen wir mit der *Spätzlesmaschine*: Wäre es tatsächlich die Maschine *des Spätzles*, dann würde der Schwabe das nicht so ausdrücken, sondern er würde sagen »die Maschine *vom Spätzle*«. Denn der zweite Fall oder Genitiv ist in seiner starken Form im Schwäbischen praktisch nicht mehr vorhanden; er wird umschrieben mit dem 3. Fall oder Dativ: Statt »der Hund *des Mannes*« heißt es »der Hund *von dem Mann*« oder »*dem Mann sein* Hund«. Wenn Schwaben dennoch von der *Spätzlesmaschine* sprechen, kann dieses *s* also kein Genitiv-s sein, sondern es muss eine andere Funktion haben.

Tatsächlich handelt es sich bei jenem Konsonanten um ein Fugen-s, das anzeigt, wo zwei Wörter in einer Wortverbindung sich aneinander fügen. Allerdings sind keineswegs alle Verbindungsstellen in zusammengesetzten Wörtern mit einem solchen Fugen-s gekennzeichnet. Wann und wo es auftaucht, ist in einem Sack voller Regeln festgelegt, die sich in der Duden-Grammatik oder anderen einschlägigen Werken nachlesen lassen.

So erscheint es im Schriftdeutschen nach *-ling* und *-tum*: Früh*lings*erwachen und Brauch*tums*pflege, nach *-heit*, *-keit*, *-schaft*, *-ung* usw.: Rein*heits*gebot, Vater*schafts*nachweis, Beweg*ungs*energie. Es folgt nie auf ein-, sondern nur auf mehrsilbige Bestimmungswörter – das sind die, die am Anfang der Zusammensetzung stehen. Deswegen heißt es auch nicht *Hofstor*, sondern *Hoftor*. Dass es dennoch *Friedhofstor* und somit auch *Friedhofsamt* heißt, liegt daran, dass hier das *s* die »Hauptfuge« anzeigt, die in diesem Falle zwischen *Friedhof* und *Tor* bzw. *Amt* verläuft.

Damit ist allerdings noch immer nicht geklärt, ob das Fugen-s auch zwischen *Häusle* und *Bauer* sowie zwischen *Spätzle* und *Maschine* angebracht ist. Und dazu sagt der Duden nichts. Die Antwort liegt im Vergleich mit anderen Wörtern, die auf *-le* enden: *Vetterleswirtschaft*, *Dreierles-ß* und schließlich der hoffentlich unstrittige *Spätzlesteig*.

Rom ond nom ond nauf ond raa

»Raus!« *Dieser Befehl ist zwar eindeutig, aber falsch. Richtig hingegen drückt sich der Schwabe aus, wenn er* »Naus!« *schreit.*

»Geh' *rein!*«, »Geh' *rüber!*«, »Geh *runter!*« – alles falsch. Wenn man zu jemandem sagt, er soll da oder dort *hin*gehen, dann schickt man ihn weg. *Hin*weg. Und deswegen heißt es im Schwäbischen völlig korrekt: »Gang *nei!*«, »Gang *nom!*«, »Gang *naa!*« Das heißt, der Schwabe verwendet weiterhin Lokaladverbien, deren anfängliches *n-* erkennen lässt, dass an seiner Stelle einmal ein *hin* gestanden hat: »Geh' *hinein/hinum/hinüber!*«

Natürlich gibt es *raus* und *rein* auch im Schwäbischen. Aber eben nur, wenn die Richtung stimmt: »Komm *reî!*«, »Komm *raus!*« Beide Adverbien enthalten das *r* von *her*, und *her* bezeichnet – im Gegensatz zu *hin* – eine Bewegung, die auf den Sprechenden zukommt. *Hin* hingegen weist vom Sprecher (*hin-*)weg.

Da fällt einem natürlich die Geschichte von dem Gågen ein, der mit seinem Sohn die Stufen des Weinbergs hinaufschnaufte. Als ihn der Sohn auf eine noch recht brauchbare Hacke aufmerksam machte, die ein anderer hatte liegen lassen, bedeutete ihm der Alte, dass er den Gegenstand längst erblickt und in seine weitergehenden Planungen einbezogen hatte, und deren Ergebnis lautete: »Em *raa*.«

Hätte er nicht »Em *naa*« sagen müssen? Schließlich meinte er, dass er sich der Hacke auf dem Heimweg, wenn er die Stiegen wieder *hinunter*steigen würde, annehmen wolle. Doch das situativ ausgestoßene *raa* war vollkommen richtig. Der Mann formulierte von seinem aktuellen Standpunkt aus, sah sich also im Geiste wieder *herunter-* oder *raa*kommen und nicht etwa *hinab-* oder *naa*gehen. Denn dazu hätte er körperlich und geistig erst einmal sein bergaufwärts liegendes Ziel erreicht haben müssen.

Statt *herüber* und *hinüber* kennt das Schwäbische kein *rüber* und *nüber*, sondern *rom* und *nom*. Das entspricht dem Hochdeutschen *herum* und *hinum*. Ebenso wenig verwendet der Schwabe die Richtungsadverbien *hinunter* und *herunter*. Er bevorzugt *hinab* und *herab*, was schwäbisch verkürzt *naa* und *raa* heißt. Das ist, wie obige Gågen-Geschichte beweist, eine andere akustische Qualität: Der Witz wäre keiner, hätte der alte Gåg anstatt »Em *raa*« »Em *runter*« gesagt.

Nun gibt es im Schwäbischen noch ein sehr beliebtes, stark genäseltes Lokaladverb: *nâû* – nicht zu verwechseln mit *naa* (hinab). So bedeutet *nâû*langen (zugreifen) etwas anderes als *naa*langen (hinunterfassen). Im langen *a* von *naa* steckt das *b* von *hinab*, das nasalierte *â* verrät ein weiteres *n*. Ergänzen wir vorn noch das verschluckte *hi-*, haben wir *hinan*, eine alte Vokabel, die im Hochdeutschen längst ihr Hinterteil verloren hat, so dass nur das *hin* übrig blieb. »Gang *nâû!*« heißt daher »Geh' *hin!*« Umgekehrt heißt es allerdings nicht »Komm *râû!*«, sondern »Komm *her!*« – wie im Hochdeutschen. Mit einem Unterschied: Schwätzt der Schwabe mit seinem Hund, sagt er »Komm *herle!*«

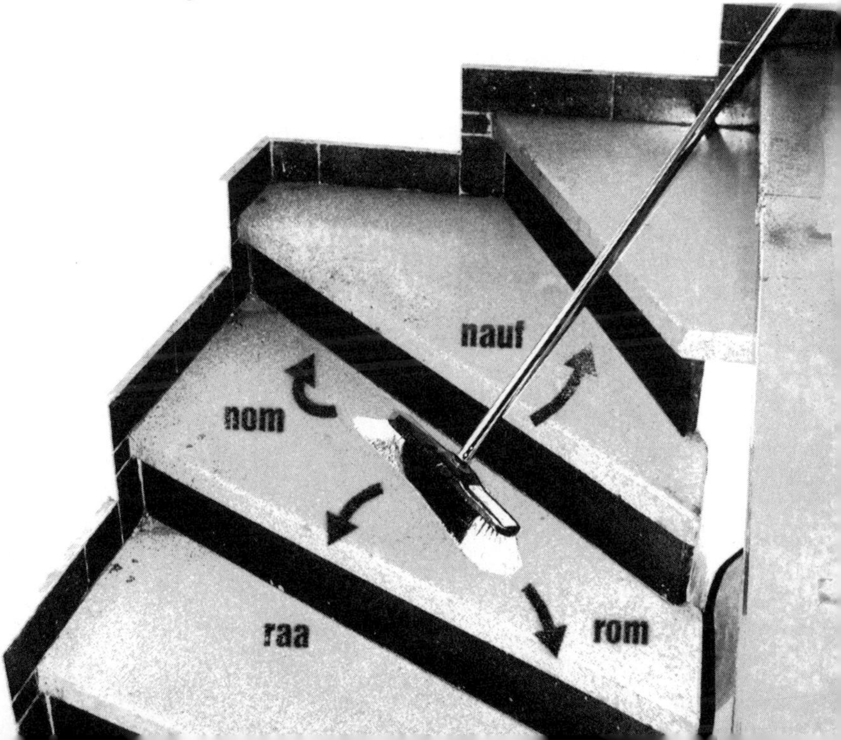

I häb und du dätsch

I häb *ist die Möglichkeitsform von* i han *respektive* i haû.
Um dieses I häb *würden die Nicht-Schwaben die Schwaben beneiden – wenn sie es denn kennen täten.*

»D' Bedienung sagt, *i häb* fümpf Halbe g'het.« Dieser Satz, der deutliche Zweifel an der Behauptung der Kellnerin durchblicken lässt, würde in korrektem Hochdeutsch lauten: »Die Bedienung sagt, *ich habe* fünf Halbe gehabt.« Da nun aber die Form *ich habe* nicht erkennen lässt, ob es sich um die Wirklichkeitsform (Indikativ) oder die Möglichkeitsform (Konjunktiv) handelt, weicht man im Hochdeutschen gerne aus auf den Konjunktiv II, der in diesem Fall lautet: »... *ich hätte* ... gehabt.«

Dieses Ausweichmanöver hat der Schwabe nicht nötig, da er im Falle des Verbs *haben* über seinen ureigenen Konjunktiv I verfügt: *ich häbe, du häbescht, er / sie / es häbe, wie häben, ihr häbet, sie häben*. Woher dieses *häbe* kommt, scheint nicht ganz klar zu sein, jedenfalls gibt Fischers Schwäbisches Wörterbuch keine eindeutige Antwort. Ist das *-ä-* von *hätte* entlehnt, um die Möglichkeitsform klar von der Wirklichkeitsform zu scheiden?

Jedenfalls hat aus diesem Grund schon mancher emanzipierte schwäbische Lateinlehrer den schwäbischen Konjunktiv in Übersetzungen zugelassen. Es ist eben doch ein Unterschied, ob man das lateinische *habuerim* mit dem zweideutigen *ich habe gehabt* übersetzt oder eindeutig mit *ich häbe gehabt*.

Doch wäre es falsch, zu glauben, die Schwaben kultivierten den Konjunktiv. Sie haben ihn, nutzen ihn aber so wenig wie die Nicht-Schwaben – mit einem Unterschied: Die Nicht-Schwaben *würden*, Schwaben hingegen *täten*. Wie bitte?

Da der Konjunktiv in der Grammatik zu den aussterbenden Arten gehört, sei er kurz vorgestellt: »Hans sagt, *er habe* (schwäbisch: *häbe*) die Nase voll.« Eine solche indirekte Rede steht normalerweise im Konjunktiv Gegenwart (Konjunktiv I). Man bildet ihn aus der Grundform (Infinitiv): gehen / *er gehe*, sprechen / *er spreche*, tun / *er tue*, werden / *er werde*, haben / *er habe*. Der Konjunktiv II wird aus der normalen Vergangenheit abgeleitet: ging / *er ginge*, sprach / *er spräche*, tat / *er täte*, wurde / *er würde*, hatte / *er hätte*. Er drückt eine Möglichkeit oder eine (Wunsch)-Vorstellung aus: »Wenn jetzt endlich die Kellnerin *käme*, *bezahlte* ich die Rechnung.«

So spricht heute allerdings kein Mensch mehr. Der Konjunktiv II wird im Schriftdeutschen meist umschrieben mit dem Hilfsverb *würde:* »Wenn jetzt endlich die Kellnerin *kommen würde*, *würde ich* die Rechnung *bezahlen*.« Der Schwabe aber formuliert: »Wenn jetzt endlich d' Kellnere *komme dät, dät e zahle*.« Dem mag die Aufforderung folgen: »*Dätet Se* jetzt vielleicht komme?«

Allerdings ist jenes *dätet Se* oder *dätsch* (tätest du) längst von der Möglichkeits- zur Befehlsform mutiert: »*Dätsch* mer net g'schwend de Müll naatrage!?« Das ist eine Bitte, die keine Widerrede duldet.

Verschlagen und verschießen

Ist ein Schwabe verschossen, *dann ist er tot.*
Ist ein Nicht-Schwabe verschossen, *dann ist er verliebt.*
Das ist ein großer Unterschied.

Nicht selten reden Schwaben und Nichtschwaben weiträumig aneinander vorbei. Klagt ein Schwabe, ihm sei die Frau *vertlaufen*, will er damit nicht ausdrücken, dass sie dahingeschmolzen sei, sondern dass sie das Weite gesucht hat.

Während sich die kostenbewusste Schwäbin nur ungern *verzählt*, *verzählt* sie umso lieber ihrer Freundin stundenlang, wer ihr gestern alles *verkommen* ist. Selbstverständlich kommen unter diesen ihr *Verkommenen* keine *verkommenen* Subjekte vor.

Wenn ein schwäbischer Einbrecher seine Spuren *verwischt*, tut er das, damit er selber nicht *verwischt* wird. Und wenn er Glück hat, kann er *vertwischen*, bevor die Alarmanlage losgeht. Woraus erhellt, dass *verwischen* und *vertwischen* zwei bis drei Paar Stiefel sind – so wie *verlaufen* sich grundsätzlich von *vertlaufen* unterscheidet. *Verlaufen* tut die Butter, wenn man sie in die Sonne oder die Mikrowelle stellt. *Vertlaufen* tun treulose Ehepartner oder, wie man aus dem Lied von der Schwäbischen Eisenbahn weiß, der Geißbock, wenn man ihn nicht mit einem Seil an den hinteren Wagenteil nââbindet.

Übersetzen wir all diese schwäbischen Komposita auf *ver-* ins Schriftdeutsche, ergibt sich folgendes Bild: *verschießen* = erschießen, *verzählen* = erzählen, *verwischen* = erwischen, *vertwischen* = entwischen, *verlaufen* = zerlaufen, *vertlaufen* = entlaufen. *Verschlagen* mit »erschlagen« gleichzusetzen, wäre etwas zu rabiat, und *verkommen* muss man frei wiedergeben mit »begegnen«.

In den aufgeführten Beispielen setzt der Schwabe das *ver-* an Stelle der Vorsilben *er-*, *zer-* und *ent-*. Ein Blick in Fischers

Schwäbisches Wörterbuch lehrt, dass *er-* sich nur in schriftsprachlichen Wörtern findet und im Schwäbischen ganz fehlt. Die Bayern und Franken ersetzen es durch *der-*: Sie *verschießen* niemanden, sondern sie *derschießen*.

Auch *ent-* entfällt in der Mundart ganz. Sie ersetzt es zum einen durch *ver-*, dann aber auch durch *vert-*, das ausschließlich für *ent-* steht und dessen *-t-* bewahrt hat.

Interessant ist die Entwicklung des *zer-*, das laut Fischer »im größten Teil unseres Gebiets wohl überhaupt nie eigentlich mundartlich gewesen« ist. Das Deutsche Wörterbuch der Brüder Grimm stellt fest, dass viele Zusammensetzungen mit *zer-* entweder ersatzlos verschwinden oder aber ersetzt werden durch *ent-*, *er-*, *ver-* und andere Partikeln. Gerade »die Sprache des Volkes« sei Urheberin dieses Rückgangs, der im Oberdeutschen in der »Lautschwäche« des *zer-* begründet sei. Das *zer-* wird auch in der Schriftsprache zurückgedrängt. Was früher *zergehen*, *zerbeulen* und *zerbiegen* hieß, lautet heute *vergehen*, *verbeulen*, *verbiegen*.

Wir dürfen also feststellen, dass die Schwaben der Zeit mal wieder voraus sind. Bleibt abzuwarten, ob eines Tages auch ein *verschossener* Nicht-Schwabe tot sein wird.

Vom Bolleneis zum Rossbollen

> Der Bollen: *Als Maskulinum ist er der Hochsprache unbekannt. Die Schwaben hingegen nutzen diesen runden,* bollenstarken *Begriff gewissermaßen* bollenmäßig.

Was ist ein *Bollen*? Laut Dudens Deutschem Universalwörterbuch gibt es nur *die Bolle*, und die sei erstens eine große Zwiebel oder zweitens ein Loch im Strumpf. Wahrigs Wörterbuch weiß nichts vom Loch im Strumpf, bietet dafür aber neben der Zwiebel die Knospe, die Samenkapsel oder die (große) Nase an.

Den Bollen aber suchen wir vergebens. Fischers Schwäbisches Wörterbuch übersetzt ihn als »runder Körper, Klumpen, Kugel«, durchweg dreidimensionale Objekte. Es gibt aber auch *Bollen*, die nur zwei Dimensionen aufweisen. So greifen Zeitungsredakteure gerne auf den *Bollen* zurück,

- um wichtige Punkte eines Artikels zu kennzeichnen,
- um einem Artikel den äußeren Anschein einer inneren Struktur zu verleihen oder
- um den Leser am Einschlafen zu hindern.

Weist dieser Bollen die perfekte Kreis- oder Kugelform auf, darf der klassische *Bollen* auch unregelmäßige Konturen annehmen. Ein *Rossbollen* etwa kann schon aufgrund seiner Erzeugung nicht so rund sein wie der *Eisbollen*. Der ist seit der Einführung des Euro merklich teurer geworden, weshalb mancher Schwabe sich selbst bei der ärgsten *Bollen*hitze nur noch einen Eisbollen statt der bisherigen zwei gönnt.

Ist das *Bolleneis* vor dem Eingang in den Verdauungsprozess noch *bollenförmig*, so werden andere Nahrungsmittel erst im Magen-Darm-Trakt zu *Bollen* gerundet, vor allem im Bauch von Pferden, Schafen, Mäusen, Kaninchen oder Hunden. Diese *Bollen* lösen unterschiedliche Reaktionen aus. Während der Kleingärtner *Ross*- und *Schafbollen* als Naturdünger schätzt, rufen *Mäusebollen* als Indikatoren für Schädlingsbefall Abscheu und Entsetzen hervor, beschäftigen *Hundebollen* im öffentlichen Straßenraum ganze Bürgerversammlungen. Hingegen werden *Karnickelbollen* eher gleichgültig zur Kenntnis genommen. Ihre Festigkeit enthebt Kleintierhalter der Entsorgungsproblematik.

Ganz anderer Natur sind die Folklore-*Bollen*, welche die Schwarzwälderin auf dem *Bollenhut* zur Schau trägt. Und die Erzieherin fördert die kreative Entwicklung des Kindes, indem sie es nötigt, aus *Wattebollen* Schneemännlein zu basteln.

In den meisten Fällen ist der *Bollen* mit dem *Ball* verwandt, der so rund ist wie die englische *bowl*, die französische *boule* und die spanische *bola* – alles Kugeln. Die *Bollenhitze* hingegen dürfte dasselbe sein wie die *Bullenhitze*. Möglicherweise gehen auch die anderen, mit *bollen*- geformten Verstärkungen wie *bollenstark* oder *bollenmäßig* auf den *Bullen* zurück – so wie *saustark* und *saumäßig* auf die *Sau*.

Bleibt die Frage nach dem *Bollenrausch*, der auch gerne als *Allmachtsballen* bezeichnet wird. Doch wer den hat, braucht keine Antworten mehr.

Krottenfalsch!

Grottenfalsch *oder* krottenfalsch? *Die Frage, ob dieses Eigenschaftswort mit* g- *oder mit* k- *beginnt, hängt zusammen mit der Frage, ob es schwäbischer Herkunft ist.*

Die Frage, ob es *krotten-* oder *grottenfalsch* heißen muss, ist delikat. Denn dieses Wort wird gerne benutzt, um einen Irrtum oder eine Fehlleistung nicht nur festzustellen, sondern als extrem zu denunzieren. Peinlich wäre es, wenn diese Denunziation selber fehlerhaft wäre.

Die Frage, ob für die korrekte Steigerung von falsch die *Grotte* oder die *Kröte* herhalten muss, erhebt sich allerdings erst beim Schreiben. Wer sicher gehen will, nimmt den Duden zur Hand. In den neueren Ausgaben wird man sogar fündig: *grottenfalsch* heißt es dort, und auch *grottendoof* ist berücksichtigt. Das Duden Universalwörterbuch der deutschen Sprache nennt darüber hinaus *grottenhässlich* und *grottenschlecht* – alles mit *g-* beginnend. Das ist deswegen merkwürdig, weil Duden andeutet, dass das *grotten-* wohl vom süddeutschen *krotten-* herzuleiten sei, das zu dem Mundartwort *Krotte* (Kröte) gehöre.

Diese Erklärung zweifelt »Der Sprachdienst« (2/00) an. Diese im Übrigen höchst verdienstvolle Zeitschrift der Gesellschaft für deutsche Sprache lehnt auch die Herkunft von *Grotte* (Höhle) ab, weist aber auf ein niederdeutsches Hauptwort *der, das* oder *die Grott* hin, welches »Abfall, das Verrottete, Verfaulte, Verwitterte« bedeutet. Daraus schließt »Der Sprachdienst«: »Wir meinen, dass das negativ Verstärkende, das in dem *grotten-*Bestimmungswort liegt, von hier aus am besten zu verstehen ist.«

Somit wäre *grottenfalsch* ein Wort, das im Niederdeutschen wurzelt? Nein. Das ist *krottenfalsch*. Dieses Adjektiv stammt von der süddeutschen *Krott* ab, wie seit 1914 in Fischers Schwäbischem Wörterbuch nachzulesen ist. Fischer ordnet es zweifelsfrei der *Kröte* zu, weshalb er dieses und weitere krötenhaltige Eigenschaftswörter mit nur einem *-t-* schreibt: *krotenfalsch, krotenbreit, krotengelb, krotenlahm, krotenmüd, krotenvoll, krotenweich*. Das Badische Wörterbuch kennt diese Wörter auch und darüber hinaus noch *krotenwohl*.

Damit steht fest: *Krottenfalsch* kommt von *Kröte*, und um diese Abstammung zu dokumentieren, beginnt es – anders als im Duden – mit *k-*. Da aber das *-o-* der mundartlichen *Krotte* kurz ist, wollen wir sie – wie der Duden – mit *-tt-* schreiben.

Doch nun zur Sinnfrage: Die Kröte ist weich, breit und langsam, wirkt mal müde, mal zufrieden, weshalb diese Vergleiche nachvollziehbar sind. Aber warum *falsch*? Ist es ihr Gesang, der *krottenfalsch* klingt?

Zunächst zielte das Wort wohl auf charakterliche Falschheit. Kröten galten als giftig: Fischer zitiert die Redensart *giftige Krot*. Doch wie passt das zur *süße Krott*, einem der wenigen Komplimente, zu dem der Schwabe fähig ist?

Dieser scheinbare Widerspruch löst sich spätestens dann auf, wenn die *süße Krott* sich als *krottenfalsches* Luder entpuppt hat.

le
le
le

Typisch! Typisch?

Seine differenzierten Laute und Urlaute kennzeichnen den Schwaben, der keineswegs an jedes Wort ein -le hängt

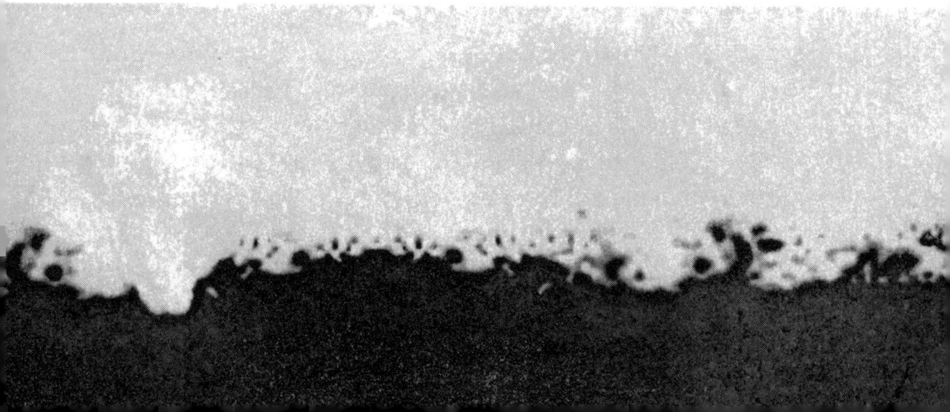

Ei, ei, ei und au, au, au

Ei und *au sind Urlaute, an denen man Schwaben zweifelsfrei identifizieren kann. Deswegen versuchen Landesverräter als erstes, sie durch* ai *und* ao *zu ersetzen.*

Wenn Schwaben sich bemühen, ihren Dialekt zu verleugnen, versuchen sie als erstes mit Teufelsgewalt, zwei wichtige Identifikationsmerkmale auszumerzen: das *ei* und das *au*. Sie sagen dann nicht mehr »L*ei*bsp*ei*se«, sondern »L*ai*bsp*ai*se«, und die »d*au*be S*au*« mutiert zur »taoben S*ao*«.

Das zweite Beispiel zeigt, dass diese Verhochdeutschung der Aussprache eine lautliche Verarmung bedeutet. Beide Wörter, »t*au*b« und »S*au*« werden mit *au* geschrieben, das im Hochdeutschen gleich, im Schwäbischen hingegen unterschiedlich ausgesprochen wird. Diese Verschiedenheit ist kein Zufall. Sie dokumentiert, dass zwischen dem einen und dem anderen *au* ein historischer Unterschied besteht: Das *au* in der S*au* ist jünger als das *au* in t*au*b.

Bis zum 11. Jahrhundert hieß die S*au* nämlich noch *su* mit langem *u*, ebenso wie das H*au*s noch *hus* gesprochen wurde. In den folgenden Jahrhunderten verwandelte sich der einfache Vokal (Monophthong) in einen Doppellaut (Diphthong): Aus *u* wurde *au*. »T*au*b« hingegen hatte schon damals einen Doppellaut: t*ou*b, ebenso das *au* in *Au*ge (*ou*ge), Fr*au* (vr*ou*we) und L*au*ch (l*ou*h). Daher nennt man das *au* in diesen Wörtern »altes *au*«, das in der S*au* »neues *au*«.

Entsprechend verhält es sich mit dem *ei*. Es gibt davon ein altes und ein junges. Die beiden *ei* des Wortes L*ei*bsp*ei*se sind jung, denn vor der »Diphthongierung«, die im Schwäbischen Ende des 15. Jahrhunderts abgeschlossen gewesen sein dürfte, hieß der L*ei*b *lip* und die Sp*ei*se *spise* – jeweils mit langem *i*. Dasselbe gilt für das, was nach dem Verdauungsprozess von der Leibspeise übrig bleibt. Das alte *ei* hingegen finden wir unter anderem im Fl*ei*sch wie im *Ei*, im *Ei*ter und im Schw*eiß*.

Der Vollständigkeit halber sei angemerkt, dass der Wandel vom *u* zum *au* und vom *i* zum *ei* im Alemannischen ausfiel. Dort sagt man heute noch »H*uu*s« und »Schp*ii*s« für »H*au*s« und »Sp*ei*se«.

Nun fällt auf, dass es im Schwäbischen zwischen dem *au* in t*au*b und dem *au* in der S*au* noch ein drittes *au* gibt, das wieder etwas anders lautet. Wir hören es in Wörtern wie »B*au*m«, »Z*au*n«, »Tr*au*m« oder »k*au*m«. Interessant ist dabei, dass das *au* in diesen Wörtern – zumindest im »gepflegten« Schwäbisch – gleich ausgesprochen wird, obwohl es einmal jung (Z*au*n, k*au*m) und einmal alt (B*au*m, Tr*au*m) ist. Dass es anders klingt als das junge *au* in der S*au* und das alte in t*au*b, liegt daran, dass jeweils ein Nasallaut (m oder n) folgt.

Diese Nasale verändern auch den Klang des *ei*, etwa das junge *ei* in »W*ei*n« und »m*ei*n«. Spricht der Schwabe nach der Schrift, aber mit mundartlicher Färbung, klingt auch das alte *ei* im St*ei*n wie das junge im W*ei*n. Schwätzt er aber original Schwäbisch, sagt er »Schtoi«.

Die schwäbische Schneegrenze

Im Schwäbischen gibt es nicht nur eine, sondern mehrere Schneegrenzen. Sie trennen den Schnäa *vom* Schnai *und beide vom ebenfalls schwäbischen* Schnee.

»Wo hört dr *Schnai* auf?«, lautet eine alte Scherzfrage, die in der Ulmer Gegend entlang der alten Grenze zwischen den Diözesen Konstanz und Augsburg gestellt wird. Die Antwort kann dann beispielsweise lauten: »Z' Bäraschtadt!« (in Bernstadt). Denn ein paar Kilometer östlich davon sagt man nicht mehr *Schnai*, sondern *Schnäa*.

Es ist eine Binsenweisheit, dass Schwäbisch nicht gleich Schwäbisch ist, dass Aussprache, Vokabular, ja sogar die Grammatik sich alle paar Kilometer ändern. Zwischen diesen »Sprachlandschaften« verlaufen unsichtbare, aber hörbare Grenzen, die zum Teil uralt sind. Das können geographische, politische oder religiöse Grenzen sein oder gewesen sein. Die *Schnai/Schnäa*-

Grenze etwa entspricht der Grenze zwischen den Bistümern Konstanz und Augsburg, die entlang der Iller bis nach Ulm und von dort weiter nach Norden verläuft. Die Abgrenzung zwischen diesen Diözesen reicht zurück bis ins 7. Jahrhundert. Sie ist nicht nur aus dem *Schnee* herauszuhören, sondern auch aus anderen Wörtern. So wird *groß* im Westen *grauß* und im Osten *groaß* ausgesprochen. Die Steigerung *größer* lautet im Westen *graißer* und im Osten *gräaßer*.

Während im Osten der *Schnäa* weit bis nach Norden fällt, stößt auf der westlichen Seite der *Schnai* auf eine Grenze, jenseits derer man *Schnee* sagt. Die südliche *Schnai*-Grenze erstreckt sich unmittelbar unterhalb Ulms: Auch in Oberschwaben liegt *Schnee*.

Im Westen endet der *Schnai* erst an der so genannten »Schwarzwaldschranke«. Die verläuft auf dem Kamm des Schwarzwalds von Norden nach Süden: Wo man *Wiib* statt *Weib* und *Huus* statt *Haus* sagt, wird aus dem *Schnai* wieder *Schnee* oder *Schnää*. Der Unterschied von *Wiib* zu *Weib* zeigt jedoch, dass diese Schranke die Grenze zwischen dem Schwäbischen und dem Alemannischen bildet.

Betrachtet man das *Schnai*-Gebiet auf der Landkarte, fällt auf, dass es sich im Wesentlichen mit dem Territorium des alten Württemberg deckt. Wieder sieht es ganz danach aus, als ob die Grenzen eines Herrschaftsbereichs die Mundart maßgeblich beeinflusst haben. Das ist auch durchaus plausibel. Natürlich haben die Landesherren nicht dekretiert, wie man etwa das Wort *Schnee* auszusprechen habe. Vielmehr bildeten die territorialen Grenzen echte Barrieren, innerhalb derer sich regionale Besonderheiten ausbilden konnten. Hinzu kam, dass die jeweilige Verwaltung auf die Kultur und die Schulen und damit auch auf die Sprechweise einwirkte. Sicher färbte auch die Sprache der Elite ab und wurde nachgeahmt.

Jedenfalls haben sich diese Grenzen als viel dauerhafter erwiesen als die jüngeren politischen, die schneller dahingeschmolzen sind als die *Schnai-* / *Schnäa*-Grenze.

Den Schwaben ist nicht alles sch

Wenn Nichtschwaben versuchen, schwäbisch zu schwätzen, zischen sie gerne jedes beliebige s *wie ein* sch. *Das ist eine grobe und überdies falsche Vereinfachung.*

Wenn man das Schwäbische nicht mit der Muttermilch eingesogen hat, sollte man von Versuchen, es nachzuempfinden, besser absehen. Sonst kommen nämlich Peinlichkeiten etwa folgender Art zustande: »I e*sch* au zum Ve*sch*per am lieb*sch*te Lin*sch*e und *Sch*pätzle.«

Dieser Satz enthält zwei Klischees, ein richtiges und ein falsches. Richtig ist, dass Linsen und Spätzle zu den bevorzugten Speisen der Schwaben gehören – ein gehässiger Badener hat diese Erfolgsmischung einmal als »Schwabenzement« bezeichnet. Falsch hingegen ist, dass der Schwabe ein jegliches *s* als *sch* ausspricht. Es muss natürlich heißen »I i*ss* au zom Ve*sch*per am lieb*sch*te Lin*s*e ond *Sch*pätzle.« Das Beispiel zeigt: Der Schwabe verwandelt das *s* vor *p* oder *t* gerne in ein *sch*, etwa in »Ve*sch*per« und »lieb*sch*te«. Unterlässt er dies, etwa im Fall von »er fri*sst*«, dann hat früher zwischen dem *s* und *t* einmal ein *e* gestanden: »er fri*sset*«.

Auch im Hochdeutschen *schp*richt man das *s* vor *t* und *p* wie *sch*, allerdings nur am Anfang eines Wortes, im »Anlaut«: Daher *scht*ehen auch hochdeutsch *Schp*rechende auf *Schp*ätzle. Anders verhält es sich mit dem Ve*sp*er, dessen *s-p* mitten im Wort, im »Inlaut« steht. In diesem Fall bleibt es im Hochdeutschen beim *s-p*, während der Schwabe den Mund auch hier konsequent zum Ve*schp*er rundet. Dasselbe gilt für den »Auslaut«, etwa in Wörtern wie Re*st*/Re*scht*.

Konsequent: das ist der Schlüssel, um die Verwirrung der Nichtschwaben über die schwäbische Handhabung des *sch* zu beseitigen. Verwirrend ist nämlich, wie wir nun gesehen haben, nicht die konsequente schwäbische Aussprache, sondern die inkonsequente hochdeutsche. Konsequent sind auch jene Niederdeutschen, die *s-p* und *s-t* weder im An- noch im In- noch im Auslaut als *schp* oder *scht* sprechen, sondern so, wie es auf dem Papier steht: Sie *s-t*olpern über den *s-p*itzen *S-t*ein.

Man kann die Feststellung, dass nicht das Schwäbische, sondern das Hochdeutsche inkonsequent ist, sogar noch weitertreiben, indem man ein wenig in der Geschichte des *sch* herumstöbert. Das nämlich ist seit dem 12. Jahrhundert aus dem *sk* entstanden: Der *sk*alk wurde zum *Sch*alk. Später griff das *sch* auch auf das vor anderen Mitlauten stehende *s* über. So wurde aus den mittelhochdeutschen Wörtern *sm*al, *sn*el, *sw*arz im Neuhochdeutschen *schm*al, *schn*ell und *schw*arz – und es wurde auch so geschrieben. Nur bei *sp* und *st* wurde die alte Schreibweise beibehalten, während im Hochdeutschen die Aussprache *schp* und *scht* sich auf den Anlaut beschränkte.

Wer also versucht, das Schwäbische durch den undifferenzierten universellen Einsatz des *sch* zu imitieren, sollte aus mehreren Gründen lieber die Zunge hüten.

Das schwäbische sssss

Sssumm, sssumm, sssumm – wenn Schwabenkinder dieses Lied singen, klingt es nicht nach summenden Bienchen, sondern wie das Öffnen eines Fahrradventils.

Das Schwäbische kennt kein stimmhaftes *s*. Darüber hat sich der Schriftsteller August Wilhelm von Schlegel (1767–1845) in folgendem Vierzeiler lustig gemacht: *Wenn jemand* Schoße *reimt auf* Rose, */ Auf Menschen wünschen, und in Prose / Und Versen schillert – Freunde wisst, / Dass seine Heimat Schwaben ist.*

In der Tat findet der Schwabe nichts Verwerfliches dabei, die *Rose*, deren *s* stimmhaft ist, reimtechnisch mit dem *Schoße* zu paaren, da er das *s* der Rose ebenso stimmlos ausspricht wie das *ß* des Schoßes. Und so entlarvt neben den Urlauten *ei* und *au* auch das konsequent stimmlos gezischte *s* den Sprecher oder die Sprecherin als Schwaben/Schwäbin.

Denjenigen unter ihnen, die ihren Dialekt für karrierehemmend halten und daher Sprechunterricht nehmen, werden als erstes die besagten Urlaute ab- und das stimmhafte *s* angewöhnt. Heftiges Üben mag schließlich beim einen oder der anderen ein wohltönend *sss*ummendes *sss* zur Folge haben, wobei dies nicht zwangsläufig korrespondiert mit dem Wissen darüber, wann denn nun ein *s* stimmhaft und wann es stimmlos zu sprechen ist.

Dies wiederum ermöglicht es, solche im Dialekt gefärbten Schwaben daran zu erkennen, dass sie dem *s* auch dort Klang verleihen, wo ein stimmloses *s* oder *ß* steht wie etwa im *Schoße*. Andere, denen das stimmhafte *s* gelingt und die es vielleicht sogar richtig platzieren, scheitern an ihren schwäbischen Selbst- und Doppellauten, die nicht zum stimmhaften *s* passen.

Hier sei noch kurz verraten, wo das *s* stimmhaft ist: im Anlaut vor einem Vokal (*S*onntag) und im Inlaut zwischen zwei Vokalen

(Hose) bzw. wenn es zwischen *r, l, m, n* und einem Vokal steht (em*s*ig).

Warum kennen die Schwaben kein stimmhaftes *s*? Die Antwort ist so kompliziert wie die Geschichte jenes Lautes, die in Grimms Wörterbuch viereinhalb kleingedruckte Spalten füllt. Ursprünglich hatte es im Deutschen ein hartes und ein weiches *s* gegeben; der Unterschied zwischen hartem und weichem *s* lässt sich noch heute im Schwäbischen nachvollziehen etwa in *Hasen* und *hassen*. In beiden Fällen ist das *s* stimmlos, aber in *hassen* ist es schärfer als in *Hasen*.

Im Niederdeutschen hat sich das weiche *s* in ein stimmhaftes verwandelt – im Gegensatz zum harten, das stimmlos geblieben ist. Diese Sprechweise hat sich schließlich durchgesetzt – aber wohl doch nicht so flächendeckend, wie Schlegel dies in seinem Vierzeiler unterstellt: Auch die Nicht-Schwaben Matthias Claudius (1740–1815), Clemens Brentano (1778–1842) und Joseph von Eichendorff (1788–1857) – die beiden letztgenannten gleich mehrfach – haben *Rose* auf *Schoße* gereimt. Vielleicht fanden sie *Schoße* poetischer als die der *Rose* lautlich angemessenere *Hose*.

Der Schwabe mag kein Schwäble

Einem hässlichen Klischee zufolge endet im Schwäbischen jedes Hauptwort auf -le. *Das aber gilt allenfalls für die Speisekarten schwabentümelnder Gastronomen.*

Schweinelend*le* mit Maultäsch*le*, Pfannenbrät*le* im Rahmsöß*le* – solche pseudoschwäbisch formulierten Speisefolgen können bei echten Schwaben Brechreiz hervorrufen. Denn die bevorzugen den Braten und die Soße wie auch die Maultasche ohne süßlichen Beigeschmack – und im Übrigen nicht en miniature, sondern möglichst so groß, dass man noch etwas einpacken kann, für den Hund natürlich.

Speisekarten, in denen an jedem Gericht ein *-le* pappt, richten sich eher an ein auswärtiges Publikum, das dem Irrglauben anhängt, dieser Appendix gehöre zur Grundausstattung eines jeden schwäbischen Hauptwortes. Tatsächlich verwendet der gemeine Schwabe das *-le* nicht häufiger als der Hochsprachler das *-chen*. Der Mundartforscher Arno Ruoff hat festgestellt, dass man das *-le* in weiten Teilen des Landes als lächerlich empfindet und es Regionen gibt, in denen überhaupt keine Verkleinerungsform gebraucht wird. Frage man dort die Leute, wie sie zu einem Häus*le* sagen, bekomme man stets die Auskunft »a' klois Haus«.

Das heißt: Der normale Schwabe verwendet das *-le* dort, wo es angebracht ist. Zum Beispiel bei den Spätz*le*, die, wenn sie gut sein sollen, klein sein müssen. Wenn die Schwaben verkleinern, begnügen sie sich mit dem *-le*, das dem hochdeutschen *-lein* entspricht. Die Verkleinerungsform *-chen* und ihre mundartlichen Varianten verschmähen sie – im Gegensatz etwa zu den Pfälzern, bei denen das Mäd*le* (Mägd*lein*) ein Med*sche* (Mäd*chen*) ist.

Die Geschichte der »Diminutiv-Suffixe« *-chen* und *-lein* geht weit zurück. Eine Vorform von *-chen* enthält etwa Gib*ika*. Das ist die Verkleinerungsform des gotischen Namens Gibich. Und ein uraltes *-le* finden wir in der gotischen Verkleinerungsform *-ila*. Hängt man sie an das Wort »atta« (Vater), steht plötzlich Att*ila* vor uns, den man mit »Vatter*le*« übersetzen könnte, wenn es nicht so dämlich klänge.

Bemerkenswert ist, dass das *-n* am Ende von *-chen* und *-lein* erst später hinzugelangt ist. Im schwäbischen *-le* fehlt es fast immer, und so erhebt sich die Frage, ob die Schwaben dieses Schluss-*n* verschluckt oder gar nicht erst angenommen haben. Jenes fehlende *-n* korrespondiert mit einem anderen Phänomen, das damit zusammenhängen könnte. Im Schwäbischen lauten nämlich die Ein- und die Mehrzahl der Verkleinerungsform unterschiedlich: ein Spätzle, aber zwei Spätz*la*. Beim hochsprachlichen *-lein* ist das nicht der Fall, wie der Blick auf ein Fräu*lein* und zwei Fräu*lein* beweist.

Fazit: Die Schwaben verwenden das *-le* keineswegs diffus, sondern differenziert. Natürlich gibt es auch hier Ausnahmen. Denen empfiehlt man am besten einen Besuch beim Psychiäter*le*.

Wir sind mir

Die Schwaben kennen kein Wir-*Gefühl, sondern ein* Mir-*Gefühl. Denn hier lautet die erste Person Plural von* ich *nicht* wir, *sondern* mir. *Und statt* wo *sagen manche* mo.

Eine der Eigenarten des Schwäbischen und anderer deutscher Mundarten ist, dass die Mehrzahl von *ich* nicht *wir* lautet, sondern *mir*. Darüber hinaus besteht in manchen Landstrichen Schwabens die Neigung, auch in anderen Wörtern das *w*, wenn es der erste Buchstabe ist, durch ein *m* zu ersetzen. Dort heißt es dann nicht etwa »Der, *wo* …«, sondern »Der, *mo* …«. Und statt *warum?* fragt man *mårum?*

Mårum, so möchten *mir* wissen, ist das so? Haben wir es mit einem kollektiven Rückfall in die frühe Phase des Spracherwerbs zu tun? Schließlich ist *m* der erste Konsonant, den neben Rindern, Schafen und Ziegen auch der Mensch erlernt, indem er ganz einfach den Mund auf- und zumacht und dabei einen Ton absondert. Deswegen lautet das erste Wort, das der Mensch gemeinhin spricht, *Mama* – und nicht *Wawa*. Doch wäre es sicher verfehlt, frühkindliche Prägungen für das zum *m* mutierte *w* verantwortlich zu machen. Eher dürfte es die berüchtigte schwäbische Maulfaulheit sein, die jenen Wandel verursacht hat.

Allerdings wird man differenzieren müssen zwischen einerseits *mir / wir* und andererseits *mo / wo*, *mårum / warum* und so weiter. Zum einen deswegen, weil die erste Person Plural des persönlichen Fürworts nicht nur bei den Schwaben *mir* heißt, sondern, wie Hermann Fischer in seiner 1895 erschienenen Geographie der schwäbischen Mundart feststellt, »im größten Theil des deutschen Sprachgebietes überhaupt«. Zum andern deswegen, weil zwar alle Schwaben *mir* statt *wir* sagen, hingegen nur ein Teil von ihnen *mo* statt *wo*.

Fischer siedelt in seinem Schwäbischen Wörterbuch die *mo*-Region im »Mittelland« an, das genauer einzugrenzen hier zu weit führen würde. Für *mo* gibt es bislang keine einleuchtende Erklärung außer eben einer regional besonders ausgeprägten Maulfaulheit, deren Ursachen (Klima, Ernährung, Abnormitäten der Sprechwerkzeuge, Klebergehalt der Teigwaren) noch zu untersuchen wären.

Anders sieht es aus mit dem Wechsel vom *wir* zum *mir*. Der lässt sich anschaulich nachvollziehen in den 1478 gedruckten Übersetzungen des Nikolaus von Wylen, der dem Grafen Eberhard im Bart als Schreiber gedient hat. Da heißt es an einer Stelle: »... dass *wir* aber ... so finden *mir*«. Daraus schließen die Sprachforscher, dass das *w* zum *m* wurde, wenn das Personalpronomen *wir* hinter das Verb – in diesem Falle »finden« – trat. Es stieß dann mit dem vorausgehenden *-n* zusammen, glich sich diesem an und verwandelte sich so zum *m*.

Das scheint sich dann so gründlich eingebürgert zu haben, dass *wir* auch dann *mir* – unbetont *mer* – gesprochen wurde, wenn kein *-n* davorstand. Und damit könne*mer* dieses Kapitel abschließen.

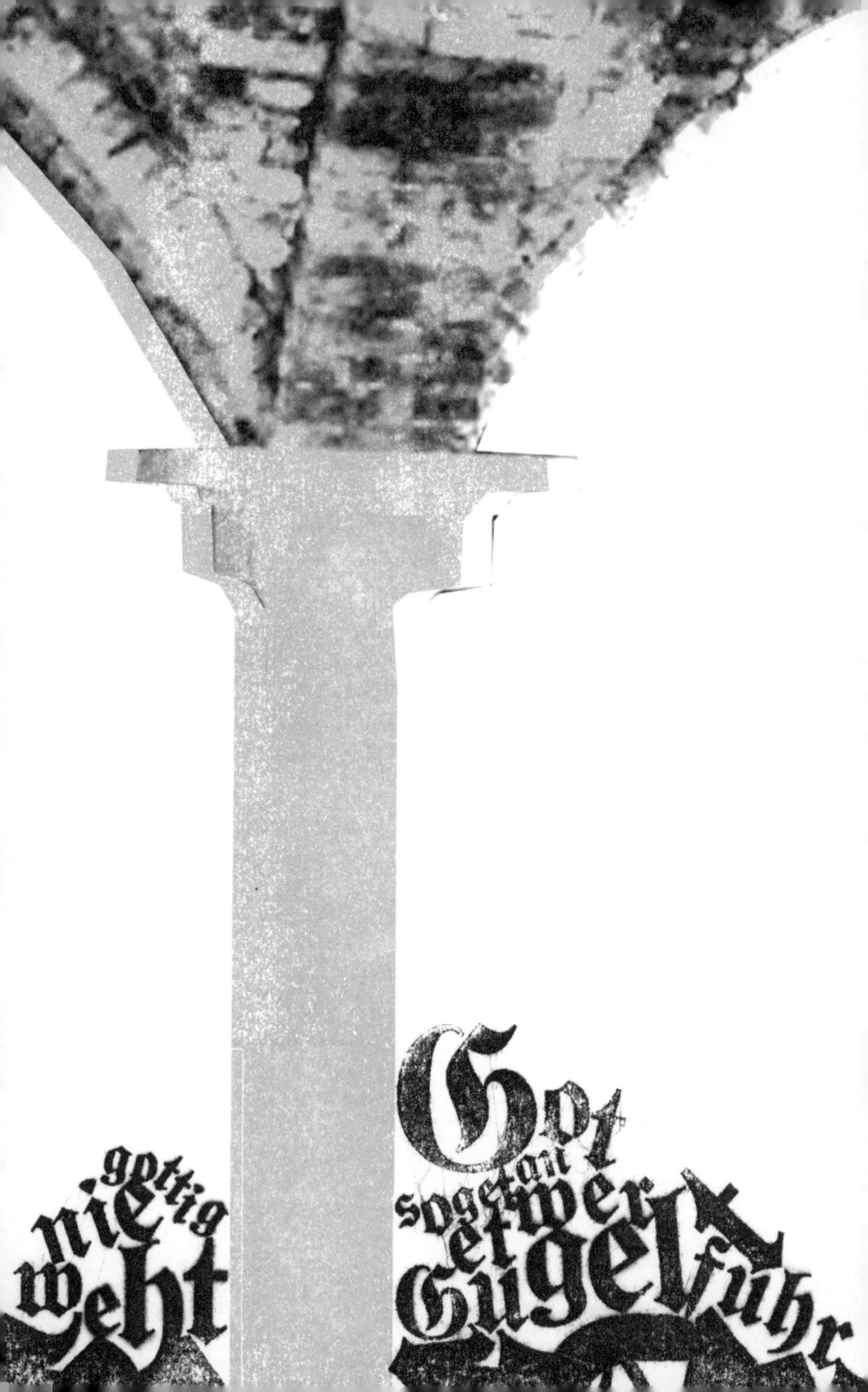
gottig
nie
weht
Got
sogetan
etwer
Gugelfuhr

Gut aufgehoben

Die schwäbische Mundart hat vieles aus den älteren Sprachen bewahrt

Im Gruscht gegruschtelt

Gruscht *ist ein wunderbares schwäbisches Wort, das im Hochdeutschen nicht seinesgleichen findet. Wir verdanken ihm auch das* Gruschteln *und den* Gruschtler.

»Der hat sei' ganze Wohnung voller *Gruscht*.« Was bedeutet diese Feststellung für den, über den sie getroffen wird? Die Frage ist nicht ganz einfach zu beantworten, denn jenes Urteil umfasst zwei Aspekte, die für den schwäbischen Menschen gewissermaßen konstituierend sind: die Ordnungsliebe und die Sparsamkeit.

Doch zunächst zum Wort *Gruscht*: Man kann es annäherungsweise übersetzen mit Zeug, Kram, Krimskrams. Aber diese hochdeutschen Begriffe treffen insofern nur unvollkommen zu, als ihnen ein Beigeschmack des Wertlosen, Überflüssigen anhaftet.

Für den Schwaben aber gibt es nichts Wertloses. Früher war es das berühmte Schräubchen, das man auf dem Trottwar gefunden und aufgehoben hat, weil man es ja möglicherweise irgendwann einmal brauchen könnte. Heute mögen es irgendwelche CD-Rom sein, deren Inhalt zwar nicht interessiert, die man aber vielleicht irgendwann einmal sinnvoll verwerten kann, ob als Untersetzer oder zum Basteln etwa eines Mobiles.

Wenn einer seine Wohnung voller *Gruscht* hat, könnte das bedeuten, dass sie nicht aufgeräumt ist. Das würde ein schlechtes Licht auf den Wohnungsinhaber werfen. Doch muss *Gruscht* keineswegs zwangsläufig Unordnung bedeuten. Man kann seinen *Gruscht* auch systematisieren. Und dann kommt seine positive Seite voll zur Geltung: die potenzielle Verwertbarkeit des scheinbar Unnützen, die dem schwäbischen Sparsamkeitsdenken entspricht. Allerdings bleibt ein Restzweifel, ob man den *Gruscht* wirklich irgendwann einmal brauchen kann oder ob er womöglich nur unnötig Raum beansprucht.

Woher kommt dieses Wort? Der schwäbische Architekturtheoretiker Joseph Furttenbach hat in seiner 1632 verfassten »Architectura universale« den Vorraum eines Speisesaales beschrieben, in dem die Frauen »ihren *Gerust*« deponieren konnten. Das war ihre »Ausrüstung«, also Kleidungs-, wohl auch Schmuckstücke und andere Utensilien, die sie bei Tisch nicht benötigten. *Gruscht* kommt also vom mittelhochdeutschen Wort *geruste*, in dem wiederum *rüsten* steckt und von dem auch das neuhochdeutsche *Gerüst* abstammt.

Das Wort hat seine Bedeutung dem *Gruscht* entsprechend gewandelt: Der besteht schließlich aus Gegenständen, die zu einem ganz bestimmten Zweck hergestellt wurden. Dieser Zweck aber ist mit der Zeit verloren gegangen, und nun warten die nutzlos gewordenen Dinge darauf, vielleicht eines Tages einem neuen zugeführt zu werden.

Und mit ihnen wartet der *Gruschtler*, der sinnend in seinem *Gruscht gruschtelt*, entweder um Ordnung in denselben zu bringen oder in der Hoffnung, irgendeine Verwendung für ihn zu finden.

Sotte, sottane und sottige

Bekanntlich gibt es sotte *und* sotte. *Deswegen sagen manche statt* sotte *lieber* sottige *und wieder andere* sottane. *Doch keiner darf behaupten, der andere habe Unrecht.*

Der Fatalismus findet in den unterschiedlichen Kulturkreisen seinen unterschiedlichen Ausdruck. Der Moslem reagiert auf die Unbilden der Welt mit dem Seufzer *inschallah* (wie Allah will). Der Schwabe neigt eher dazu, den oder die Verursacher des Problems zu suchen, um, wenn er sie gefunden hat, seinerseits zu seufzen: »'s gibt halt *sotte* und *sotte*.« Sofern er ein ausgemachter Pessimist ist, fügt er hinzu: »Und mehr *sotte* als *sotte*.« Er sagt nicht *solche* und schon gleich gar nicht *so'ne*, sondern, wie bereits festgestellt, *sotte*, vielleicht sogar *sottige* oder *sottane*. Denn auch was den Sprachgebrauch betrifft, gibt es *sotte* und *sotte*.

Nun muss man zwar hinnehmen als vermutlich von Gott oder Allah gegeben, dass es *sotte* und *sotte* gibt und geben wird bis an der Welt Ende, da bislang die Versuche sämtlicher Weltverbesserer gescheitert sind, die *Sottigen* so zu reduzieren, dass nur noch *sottige* übrig geblieben wären. Doch keineswegs gottgegeben ist, dass es bei den Schwaben *sotte, sottige* und *sottane* gibt anstatt *solche*. Erst recht liegt keine Verhunzung des schriftdeutschen Demonstrativpronomens *solch* vor, sondern ein ganz anderes Wort, das in der Hochsprache zwar einmal existiert hat, aber mittlerweile längst vergessen ist. Grimms Deutsches Wörterbuch hat es konserviert, sogar in dreifacher Form: *sogethan*, *sothan* und *sothanig*.

Diese Reihenfolge entspricht nicht nur dem Alphabet, sondern auch der historischen Entwicklung. Streichen wir, der Rechtschreibreform vom 1. Januar 1903 gemäß, das *h* hinterm *t*, so lautet der erste dieser Begriffe *so getan* und bedeutet »so beschaffen«. Im späten Mittelhochdeutsch ist daneben auch die Form belegt, in der das *ge-* von *getan* ausgefallen ist; sie lautete *sotan*. Als diesem schließlich ein *-ig* angehängt wurde, entstand *sotanig*.

Sogetan war in der Schriftsprache nur bis ins 16. Jahrhundert hinein üblich; länger gehalten hat sich *sotan*, »doch ist das Wort seit Beginn der klassischen Periode (seit Lessing) im gewöhnlichen Gebrauche aufgegeben und findet sich nur noch in alterthümelnder Sprache«, sagt Grimm, der auch auf den mundartlichen Gebrauch hinweist.

Die Mundart machte aus den *Sogetanen* und *Sotanen* die *Sottanen* und *Sotten*. Und die *Sotanigen* wurden auf die *Sottigen* reduziert. Damit war der schwäbische Bedarf an Demonstrativa gedeckt und die *Solchen* im Grunde überflüssig. Dennoch seien auch die kurz betrachtet: *Solch* hieß im Mittelhochdeutschen noch *solich*, und dieses *-lich* ist verwandt mit der *Leiche*.

Doch um dieses Kapitel nicht allzu trostlos enden zu lassen, sei betont, dass damit ursprünglich der lebendige Körper, die Gestalt gemeint war, und bekanntlich gibt es auch hiervon *sotte* und *sotte* – und mehr *sotte* als *sotte*.

Gotzig und gottsmillionisch

Wenn die Mannschaft kein gotziges *Tor geschossen und ihr Torwart* gottsjämmerlich *versagt hat, ist der Gegner* gottfroh *und die Fans fluchen* gottsmillionisch.

Gotzig ist eine jener Vokabeln, die es nur im Schwäbischen gibt. Was sie bedeutet, lässt sich an Beispielen erschließen: »Der Großvater hat keinen *gotzigen* Zahn mehr im Mund.« »Die Großmutter hat noch einen *gotzigen* Zahn.« Aber: »Der Säugling hat schon zwei *gotzige* Zähne« – das geht nicht. Man kann, egal ob jung oder alt, einen oder keinen *gotzigen* Zahn mehr haben, aber nicht zwei oder drei. Und damit entpuppt sich *gotzig* als dasselbe wie *einzig.*

Tatsächlich steckt *einzig* in *gotzig* drin, konstituiert gewissermaßen dessen Hinterteil. Den Anfang aber bildet kein geringerer als Gott. Doch wie ist dieser an die Stelle des *ein-* geraten? Wie wurde *einzig* zu *gotzig*? Es war die schlichte schwäbische Maulfaulheit, die jenes Wort verursacht hat: *Gotzig* ist der verkümmerte Rest des Eigenschaftswortes *gotteseinzig*. In manchen Gegenden sagte man nur *gotteinzig*, und daraus wurde *gottig*.

Es fällt auf, dass der Schwabe *gotzig* korrekter anwendet als *einzig*. Denn nicht nur Schwaben, sondern auch Hochdeutsch-Sprecher neigen immer wieder dazu, *einzig* zu *einzigst* zu steigern, was wenig Sinn macht, da *einzig* eine Einmaligkeit bezeichnet. Somit ist es schlicht falsch, etwa von der *»einzigsten* Möglichkeit« zu reden. Es genügt die *einzige* Möglichkeit.

Es gibt übrigens Situationen, in denen der Duden, der die *einzigste* Möglichkeit« verbietet, den Superlativ *einzigst* als »übertragene Bedeutung« erlaubt. Etwa, wenn Goethe seufzt: *»Einzigstes, einzigstes* Mädchen, und ich kenne ihrer viele.« Oder wenn Ernst Wiechert dichtet: »Da kniet noch immer Maria davor und weint um den *einzigsten* Sohn.«

Man mag dem Duden nachtragen, dass er sein Urteil, wann die Steigerung *einzigst* zulässig ist und wann nicht, weniger an der Logik als an der Urheberschaft orientiert. Und man mag erbost fragen: Sind unsere Dichterfürsten von den im Duden formulierten Regeln befreit?

Schließlich hätten auch sie das Wort *einzig* problemlos verstärken können, ohne dafür den logisch falschen Superlativ zu verwenden, etwa auf die schwäbische Weise durch Davorsetzen des Präfixes *gott(es)*- wie in unserem Beispiel *gotzig*: »*Gotziges, gotziges* Mädchen, und ich kenne ihrer viele.« Wahrscheinlich hat der Frankfurter Goethe das Wort *gotzig* nicht gekannt, sonst hätte er sicher von dieser Möglichkeit Gebrauch gemacht.

Gotzig ist im Übrigen keineswegs eine Einzelerscheinung: Gott muss im Schwäbischen auch herhalten für andere Steigerungen wie *gottsallmächtig, gottsmillionisch, gottserbärmlich, gottsjämmerlich, gottsunglücklich* oder schlicht *gottfroh*. Und wegen dieser wirkungsmächtigen Vorsilbe kann der Schwabe getrost darauf verzichten, *gotzigst* zu sagen. Denn *gotzig* ist das Non plus ultra.

Net oder et oder it?

»Die ersten beiden Wörter, die meine Untertanen lernen, heißen: Noi, eta.*« So stellte König Wilhelm I. von Württemberg fest, und der residierte in Stuttgart.*

Wäre König Wilhelm I. Oberschwabe gewesen, hätte er »Noi, *ita*« gesagt. Denn wenn den Schwaben auch der Geist, der stets verneint, gemein ist, so unterscheiden sie sich doch in der Art, wie sie diese Ablehnung äußern. Die einen tun es unter Verwendung des *e*, sagen also *net* oder *et* oder *eta*, die andern bevorzugen das *i* und sagen *it* oder *ita*; die Form *nit* ist nicht mehr gebräuchlich.

Ob *et* oder *it*, *eta* oder *ita*, *net* oder *nit*: Gemeinsam ist der regional unterschiedlich vokalisierten Verneinung ihre dreifache Form: einmal mit *n- (net)*, einmal ohne *n- (et)*, und wenn ohne, dann manchmal mit einem *-a* am Ende *(eta)*.

Beginnen wir mit *eta* oder *ita*. Fischers Schwäbisches Wörterbuch teilt mit, dass diese »verlängerte Form« gerne verwendet wird, wenn kein weiteres Wort folgt, wie eben im Fall von »Noi, *eta*«. Darüber, wo dieses verlängernde *-a* herrührt, sagt Fischer nichts. Nehmen wir uns also die Freiheit, ein wenig darüber zu spekulieren: Dieses kurze, durch die Nase ausgestoßene *-a* am Ende eines schwäbischen Wortes entspricht meist dem hochsprachlichen *-en*: ess*a* = ess*en*, Sach*a* = Sach*en*, Nudl*a* = Nudl*en*. Wenn wir nun *et* und *it* mit dem hochsprachlichen *nicht* gleichsetzen und *-a* mit *-en*, dann ergäbe dies *nichten*. Das ist der Dativ Plural von *nicht*, den es tatsächlich einmal gegeben hat und der noch überlebt hat in dem Ausruf *mitnichten!* Was spräche dagegen, »Noi, *eta!*« zu übersetzen mit »Nein, *mitnichten!*«?

Wo ist bei *et* und *it* das *n-* geblieben? Hier sei das längst vergessene Wort *icht* (etwas) vorgestellt, das aus *eo* (irgend) und *wiht* (Ding, Wesen) gebildet war, von dem auch der heutige »Wicht«

abstammt. *Icht* bedeutete »etwas«, »irgend-«, konnte aber auch in bestimmten Zusammenhängen das Gegenteil, nämlich »nicht« bedeuten – und das, obwohl es daneben das Wort *nicht* schon gab: *Nicht* ist nichts anderes als die Verneinung von *icht* bzw. des alten *eo wiht*; es kommt von *ni eo wiht* oder *ni wiht* (kein Ding).

Denkbar ist, dass dieses *eo wiht* sich nicht nur zu *icht,* sondern daneben bei den einen zu *et* und bei den anderen zu *it* entwickelte, was diese Formen erklären würde. Fischer bezweifelt das aber. Er geht davon aus, dass der Wegfall des *n-* vor *et* und *it* auf falscher Wortabteilung beruht.

Demnach kämen *et* und *it* doch von *nicht* bzw. dem althochdeutschen *ni-eo-wiht*, aus dem sich eine Unzahl von Nebenformen und Verkürzungen entwickelt hat. In den meisten herrscht das *-i-* vor, zum Beispiel in *nieweht*, in anderen hingegen das *-e-*, etwa in *neweht*. Möglicherweise stammt *(n)it* von den einen ab und *(n)et* von den anderen.

Hätte man besagte Untertanen gefragt, ob sie denn nun kapiert häben, was hinter der Art ihrer Verneinung stecke, hätten sie garantiert geantwortet: Noi, *eta*!

Ebbes sein und ebber werden

Wenn im Land der Schwaben einer ebbes *kann,* ebbes *darstellt und vor allem auch noch* ebbes *besitzt – kurz: wenn er es zu* ebbes *gebracht hat –, dann ist er* ebber.

Was *ebbes* bedeutet, ist nicht besonders schwierig zu erraten: Es ist die bewegungsökonomisch günstigere Variante von *etwas*. Bewegungsökonomisch günstiger bedeutet, dass man die Sprechwerkzeuge zum Formulieren des Wortes *ebbes* weniger strapazieren muss als im Falle von *etwas*.

Aber: Wenn *eb-bes* mit *et-was* gleichzusetzen ist, welche Entsprechung gibt es dann für *eb-ber?* Wenn wir uns am Beispiel von *ebbes / etwas* orientieren, das *eb-* in ein *et-* verwandeln und das zweite *b* in ein *w*, dann ergäbe dieses *et-wer*. Und das ist tatsächlich des Rätsels Lösung.

Ein Wort *etwer* suchen wir in den heutigen Wörterbüchern vergeblich. Im Duden hat sich gerade noch *etwelche* halten kön-

nen, mit dem Vermerk: »veraltet für: einige«. Im Wörterbuch der Brüder Grimm aber findet sich nicht nur *etwelch,* die Einzahl von *etwelche*, sondern auch *etwer*, und das bedeutete »irgendwer«, so wie *etwas* mit »irgendwas« gleichzusetzen ist. *Etwer* wurde sogar dekliniert, der Akkusativ oder Wen-Fall hieß folgerichtig *etwen*. Dem entspricht das schwäbische *ebben*, das sich in manchen Gegenden ebenso gehalten hat wie der Dativ *ebbem* (*etwem*): »Håsch du des *ebbem* verzählt?«

Woher kommt dieses *et-*? Dies herauszufinden, muss man in Kluges etymologischem Wörterbuch unter *etlich* nachsehen, denn dessen *et-* ist dasselbe wie das von *etwas*, *etwer*, *etwelch*(*e*) und im Übrigen auch von *etwa*. Und da steht geschrieben, dass *etlich* aus den althochdeutschen Wörtern *eddes-* »irgend-« und *hwelih* »welch« zusammengesetzt ist. Also bedeutete *etwas / ebbes* und *etwer / ebber* tatsächlich »irgend*was*« und »irgend*wer*«. Entsprechendes gilt für *etwa*, dessen *-wa* mit dem heutigen *wo* identisch ist: *etwa* entspräche demnach »irgend*wo*«. Heute steht *etwa* für »vielleicht«.

Übersetzt man nun dieses *etwa* nach der oben beschriebenen Weise ins Schwäbische, bekommt man *ebba*. Und so versteht nun auch ein Nichtschwabe die besorgte Mutter, die ihren nasebludenden Sprössling fragt: »Håt dir *ebba ebber ebbes* doa?!« – Hat dir etwa einer etwas getan? Man kann die Unschärfe verdoppeln, indem man *ebber* und *ebbes* mit einem *irgend-* koppelt: »Då isch *irgendebber*, und der will *irgendebbes*.« Umgekehrt können die beiden Adverbien ihre Beliebigkeit verlieren, etwa dann, wenn man von *ebber* sagt, der oder die sei »*ebbes* geworden«.

Das ist übrigens keineswegs dasselbe, wie wenn einer »*ebber* geworden« ist. Denn »*ebbes* werden« meint, ein Amt oder einen Posten ergattert zu haben, der Ansehen verschafft, wobei die Mittel zur Erreichung dieses Zieles keine Rolle spielen. *Ebber* zu sein ist hingegen eine Frage der Persönlichkeit, eines wie auch immer gearteten Profils, das für *ebbes* zu sein nicht zwingend erforderlich ist.

Wohin die Gugelfuhr führte

Entfaltet ein Schwabe allzu heftige Umtriebe, setzt er sich dem meist geknurrten Vorwurf seiner Landsleute aus, eine (Mords-/Jenseits-) Gugelfuhr *zu veranstalten.*

Fragt man einen Schwaben oder eine Schwäbin, was er/sie unter *Gugelfuhr* versteht, nennt er/sie ohne zu Zögern die Synonyme *Gschiss, Umschtandskramerei* oder *Rum-und-num* (Hin und Her). Doch keiner weiß so recht, was das Wort *Gugelfuhr* im Grunde bedeutet.

Dessen ungeachtet erfreut sich dieser Begriff großer Beliebtheit. Er kann dazu dienen, missliebiges Verhalten zu charakterisieren. »Håt der/dui heit wieder a *Gugelfuhr*«, lautet der Kommentar, wenn etwa jemand sich bei der Verfolgung seines Zieles oder der Erfüllung seiner Aufgabe besonders umständlich anstellt oder mehr Aufhebens davon macht (Gejammer, Gemaule, Gestöhne) als angemessen ist; wenn jemand angestrengter *in der Gegend herumfuhrwerkt* als die Angelegenheit erheischt.

Die *Gugelfuhr* muss aber nicht notwendig selbst verschuldet, sie kann auch von höherer Gewalt oder durch Dummheit anderer verursacht sein: »Des war a fürchterliche *Gugelfuhr*«, beschreibt man eine Aktion, deren Verlauf von Hindernissen und Mühen gehemmt wurde – wie etwa das Verlassen eines Parkplatzes, der auf allen Seiten hoffnungslos zugeparkt ist. Auch das erfordert einiges *Herumfuhrwerken*.

Jenes leichter verständliche Wort ist in seinem Kern mit der Gugel*fuhr* verwandt. In beiden steckt das Verb *fahren*. Was jedoch Deutungsschwierigkeiten bereitet, ist die *Gugel*, denn die ist schon lange aus der Mode gekommen. Die *Gugel* war die mit Kragen und mitunter Zipfel(n) versehene Kapuze, lateinisch *cuculla*, die im Mittelalter von den Bauern getragen wurde und die später als klassische Kopfbedeckung des Narren galt. Demzufolge kann man die *Gugelfuhr* als eine Art Narrentreiben verstehen.

Es gibt aber noch weitere mögliche Erklärungen. So verzeichnet das Grimm'sche Wörterbuch neben der *Gugelfuhr(e)* und der *Gugelfahrt* auch die *Gaukelfuhre*, die es als »närrisches, gauklerisches Treiben« umschreibt. Auch *gaukeln* bedeutete so viel wie »Narrenpossen treiben«. Im Mittelhochdeutschen gab es sowohl den Begriff *goukelvuore* als auch *gogelvuore*, worin nach Grimm das mittelhochdeutsche *gogel* (Scherz, Posse) steckt.

Dass dieses sich mit der *Gaukelei* und der Narren-*Gugel* in der *Gugelfuhr* vereinigt hat, wird von den Verfassern der einschlägigen Nachschlagewerke für durchaus denkbar gehalten. Tatsächlich wurden als *Gugelfuhr* zunächst auch lärmende bis mutwillige Späße bezeichnet – mitunter sogar der Spaß im engeren zwischenmenschlichen Bereich.

Davon rundete sich in der Folge bisweilen der Bauch der weiblichen Beteiligten. Dass dies jedoch der Grund gewesen sei, warum noch heute die *Gugelfuhr* fälschlich auf *Kugel* zurückgeführt und mit *K* geschrieben wird, ist wissenschaftlich nicht gesichert.

I han, du håsch und mir hent g'het

Mit dem Haben *ist das im Schwäbischen so eine Sache.*
Man hat *gerne ebbes, aber man spricht nicht drüber.*
Falls doch, sagt man nicht haben, *sondern* han *oder* haû.

»I *han* koi Geld«, sagt die schwäbische Mutter, wenn das Kleine um ein Eis quengelt. Andere Mütter sagen: »I *haû* koi Geld.« Das Ergebnis ist im einen wie dem anderen Fall dasselbe: Das Kleine quengelt weiter. Ist sein Spracherwerb noch nicht sonderlich fortgeschritten, sagt es: »Eis *haû!*«, was am Ende der Spracherziehung einmal lauten sollte: »Ich möchte bitte ein Eis *haben.*«

I han gilt zwar als ausgesprochen schwäbisch, ist es aber nicht. Der Minnesänger Walther von der Vogelweide etwa, der gemeinhin nicht den schwäbischen Mundartdichtern zugerechnet wird, jubelte in die Welt hinaus: »Ich *han* min lehen, al die werlt, ich *han* min lehen!« Das war anno 1220, als Friedrich II. ihm endlich einen festen Wohnsitz zugewiesen hatte.

Nun ist es zwar nachvollziehbar, dass die Grundform *haben* zusammengezogen wird zur Kurzform *han*. Doch wie kann »ich *habe*«, das am Ende kein *-n* aufweist, zu »i *han*« werden?

Die Antwort ist wieder einmal in früheren Sprachepochen zu suchen, in diesem Fall im Althochdeutschen, in dem »ich *habe*« noch »ih *habem*« lautete, wobei das *-m* auch zu *-n* abgeschwächt werden konnte. An dieses alte *-m* oder *-n* erinnert die Form *han*. Im mitteldeutschen Sprachraum allerdings hat das *habem* sich weiterentwickelt zu *habe*, das sich schließlich in der Hochsprache durchgesetzt hat. Das bedeutet: *han* ist nicht eine fehlerhafte Form von *habe*, sondern ebenso wie dieses ein legitimer Abkömmling des althochdeutschen *habem*.

Die stark genäselte Version »i *haû*« ist allerdings typisch schwäbisch. Hier wurde das mittelhochdeutsche *-an* zum nasalen

-*aû*, wie wir es auch von den Verben *gaû* (von gan=gehen), *schtaû* (stan=stehen) und *laû* (lan=lassen) kennen. Das -*n* taucht wieder auf, wenn *ich* an zweiter Stelle steht: »Weil d' Mamma koi Geld g'het håt, *haun-e* koi Eis kriegt.«

Schreiten wir fort vom Ich zum Du: Die einen Schwaben sagen »du *håsch*«, die anderen »du *håscht*«. Wer in »du *håsch*« das abschließende -*t* vermisst, sei darauf hingewiesen, dass dieses in der zweiten Person Einzahl auch im Althochdeutschen gefehlt hat, als man noch »tu *habes*« oder kürzer »tu *has*« sagte. Und um den schwäbischen Plural »mir / ihr / sie *hent*« zu begreifen, lohnt ein Blick zurück ins Mittelhochdeutsche: »wir *haben*, ir *habet*, siu *habent*«. *Hent* geht auf *habent* zurück.

Auch das Partizip *g'het* ist nicht als schwäbische Eigenleistung misszuverstehen. Bereits im Mittelhochdeutschen findet man neben *gehabet* und *gehebet* die Kurzform *gehebt*, von der es nicht mehr weit ist zu *g'het*.

Das allerdings wird das Kind wenig trösten, dessen Mutter angeblich koi Geld fürs Eis *g'het* håt.

Grüß Gott und Ade

Der Schwabe grüßt gern gottvoll, und zwar nicht nur beim Grüß-Gott-*Sagen, sondern nicht minder beim Abschied. Denn der HErr steckt auch in* Ade *und in* Pfiat de.

»*Grüß Gott!*« – »Wenn d'en siehsch.« Dieser etwas abgestandene Scherz offenbart die inhaltlichen Schwierigkeiten, die viele mit der Formel *Grüß Gott* haben. *Grüß Gott* klingt nach einer Befehlsform. Doch der Befehl, den Allmächtigen zu grüßen, macht wenig Sinn.

Was also bedeutet *Grüß Gott*? Ist hier im Lauf der Zeiten etwa ein »ich« verloren gegangen? Doch welchen Sinn ergäbe »Ich *grüß' Gott*«? Ein solcher Satz würde sich allenfalls als Glaubensbekenntnis eignen, kaum aber, um dem Gesprächspartner Gutes zu wünschen.

Grüß dich Gott klingt schon eher nach einem Segenswunsch. Tatsächlich ist die Grußformel *Grüß Gott* ebenso wie *Grüß dich* die Kurzversion von *Es grüße dich Gott* oder *Gott grüße dich*. Allerdings kommen wir auch hier nicht um die Sinnfrage herum: Soll nun ein freundliches Hallo! vom Himmel schallen?

Die Antwort finden wir in Grimms Deutschem Wörterbuch. Dort steht, dass *grüßen* auch gleichbedeutend sein kann mit »freundlich, teilnehmend entgegenkommen«. Und es ist ein Sprichwort genannt: »Gott *grüßt* die Menschen, sie wissen es ihm aber nicht zu danken.« Damit bedeutet *Grüß (dich) Gott* »Gott sei dir wohlgesonnen«.

Seit dem 12. Jahrhundert wurden die traditionellen germanischen Heils- und Willkommenswünsche unter dem Einfluss der Kirche von solchen frommen Grüßen abgelöst. Zu denen gehören auch *Guten Tag, Guten Abend* etc., denn vor diesen Akkusativen stand ursprünglich ein *Gott gebe dir einen* …

»*Geh mit Gott*, aber geh« ist heute eine eher unfreundliche Verabschiedung, in der aber noch das wohlmeinende alte *Geh mit Gott* steckt. Und *Gott behüte dich* ist in Bayern und bayerisch Schwaben zusammengezogen zu *Pfüat di* bzw. *Pfiat de*.

Dass der schwäbische Abschied *Ade* mit dem französischen *Adieu* zu tun hat, ist offensichtlich. Auch in *Adieu* steckt Gott, der französisch *dieu* heißt; es bedeutet in etwa »Gott befohlen«. Bemerkenswert ist allerdings, dass das breite *-e* in *Ade* keine schwäbische Verflachung des graziösen *-iö* ist. Vielmehr hat sich hierzulande die ursprüngliche Aussprache, wie sie im 12. Jahrhundert gepflogen wurde, erhalten. Denn bereits in höfischer Zeit wurde dieser Gruß aus dem Französischen ins Mittelhochdeutsche übernommen. Als sich im 16. Jahrhundert in Frankreich die Aussprache änderte, blieb es im Deutschen bei *Ade*. Und als im Ersten Weltkrieg die deutsche Sprache von Fremdwörtern gesäubert werden sollte, wurde *Ade* durch *Auf Wiedersehen* ersetzt.

Doch hat sich *Ade / Adieu* nicht nur im Schwäbischen gehalten. Weiter nördlich hat es als *Adschüs* überlebt und als *Tschüs* bzw. neuerdings *Tschöö* den Weg in den Süden gefunden. So findet sich Gott selbst in *Adele* und desgleichen im neuschwäbischen *Tschüssle*.

I gib nix

Wenn der sprichwörtliche Bauer ein Nahrungsmittel vorgesetzt bekommt, das er noch nicht kennt, dann sagt er, sofern er ein Schwabe ist: »Des friss *i net.«*

Was Deutsch lernende Ausländer zur Verzweiflung bringen kann, sind jene Verben, die in der 2. und 3. Person Einzahl der Gegenwart plötzlich den Stammvokal ändern wie etwa »ich n*e*hme, du n*i*mmst, er/sie/es n*i*mmt«. Die Schwaben sind konsequenter. Sie sagen: I n*i*mm, du n*i*mmsch, er/sie/es n*i*mmt. Dementsprechend verkündet der schwäbische Mensch, wenn er zu Tisch geht: »I *i*ss jetzt.« Auf die Frage »Haste mal ne Mark?« teilt er mit: »I g*i*b nix.« Und wenn ein Kunde den Verkäufer auf eine preismindernde kleine Unregelmäßigkeit an der Ware aufmerksam macht, erwidert dieser: »I s*i*eh nix.«

In all diesen Fällen weicht das Schwäbische vom Hochdeutschen ab – genauer gesagt vom heute gebräuchlichen Hochdeutsch. Nehmen wir etwa das Gegensatzpaar *geben* und *nehmen*. Luther, der bekanntlich alles andere als ein Schwabe war, schrieb mitunter »ich g*i*b«, wobei er allerdings daneben auch »ich g*e*be« verwendete. Hans Sachs (1494–1576), der als Schuhmacher und Poet dazu in Nürnberg wirkte, reimte folgenden Rat:

»Ich g*i*b den E(he)leuten iren Sinn / ich spreche, es sei gar gering: / der Man soll sich derhenken, / das Weib soll sich dertränken.«

Auch im Falle von *nehmen* lautet die 1. Person Einzahl bei Luther wie bei seinen Zeitgenossen »ich n*i*m«. Demnach müssten »ich g*i*b« und »ich n*i*mm« älter sein als »ich g*e*be« und »ich n*e*hme«. Und so ist es auch. Im Mittelhochdeutschen wurde das Verb *nemen* im Indikativ der Gegenwart konjugiert: »ich n*i*me, du n*i*mest, er/siu/ez n*i*met, wir n*e*men, ir nemet, sie n*e*ment.« In den mitteldeutschen Dialekten jedoch hieß es schon bald »ich n*e*me, du n*e*mest« usw., und unter diesem Einfluss geriet das »ich n*i*mm« allmählich zum »ich n*e*hme«.

Allerdings mag man sich fragen, warum im Mittelhochdeutschen der Stammvokal – etwa von »n*e*hmen« – in der Einzahl *-i-* lautet und in der Mehrzahl *-e-*. Um diese Frage zu beantworten, müssen wir in der Geschichte der deutschen Sprache einen weiteren Schritt zurückgehen ins Althochdeutsche, das im oberdeutschen Sprachraum von der Mitte des 8. Jahrhunderts bis etwa 1100 gepflogen wurde.

Im Althochdeutschen hieß es noch »ih n*i*mu, du n*i*mist, er/siu/is n*i*mit, wir n*e*mem, ir n*e*met, sio n*e*men«. Das heißt, der Vokal des Wortstammes nimmt deutlich Bezug auf den Vokal der Endung: wo hinten *-i-* und *-u* stehen, geht vorn ein *-i-* voraus, wo die Endung ein *-e-* enthält, steht vorn auch ein *-e-*.

Im Übrigen erlauschen wir die Erinnerung an diesen alten Lautstand auch bei Vicky Leandros, wenn sie in ihrem Lied »Adler und Taube« singt: »Du brauchst zum Leben Siege / Ich g*i*b viel eher mal nach.« Haben die Texter des Songs schwäbische Wurzeln? Oder können sie bloß nicht richtig deutsch?

moki
tunéllp

Horch, was kommt von draußen rein?

Manche typisch schwäbische Vokabel stammt aus dem Ausland

»Das Tunéll« oder »der Túnnel«?

Das Lied vom Tunéll *zwischen Stuttgart und Ulm würde sich nicht reimen, wenn der Schwabe* Túnnel *sagen würde. Erschwerend kommt hinzu, dass er* das *davorsetzt anstatt* der.

Zwische Schtuegert ond Cannschtatt, / då isch a Tunéll, / wemma neifährt, wird's donkel, / wemma nausfährt, wird's hell. Diese vier Zeilen deuten nicht nur an, dass schwäbische Eisenbahner offenbar schon früher kostenbewusst handelten und beim Durchfahren eines Tunnels auf das Einschalten der künstlichen Beleuchtung verzichteten. Sie verdeutlichen vor allem: Der im Hochdeutschen vorne betonte *Túnnel* wird im Schwäbischen so ausgesprochen, dass er bzw. es sich auf *hell* reimt, also *Tunéll.*

Wie kam es zu dieser abweichenden Akzentuierung und der ihr entsprechenden anderen Rechtschreibung? Und außerdem: Warum sagen die Schwaben *das Tunéll* und nicht *der Túnell*?

Beim Blick in die Wörterbücher unserer europäischen Nachbarn stellen wir fest, dass die hochdeutsche Schreibweise *Tunnel* sowohl der englischen (*tunnel*) wie der französischen (*tunnel*) entspricht. Aber: Nur die Engländer betonen die erste Silbe (*tánnel*), die Franzosen die zweite (*tünéll*). Das heißt, dass sich die hochdeutsche Betonung des Wortes an der englischen orientiert, die schwäbische hingegen an der französischen.

Tatsächlich ist das Wort *Tunnel* mit der sprunghaften Entwicklung des Verkehrswesens im 19. Jahrhundert aus England, das im Tunnelbau führend war, nach Deutschland und Frankreich exportiert worden. Die Engländer wiederum hatten sich die Vokabel Jahrhunderte früher aus dem Altfranzösischen angeeignet, wo *tonnelle* nicht nur »die Tonne«, sondern auch »das Tonnengewölbe« bezeichnete. Um der *Tonne* noch kurz auf den Grund zu gehen: Sie wurzelt in der gallischen *tunna*, auf welche auch die

Germanen gerne zurückgriffen. Sie übernahmen diesen Begriff spätestens im 9. Jahrhundert unverändert ins Althochdeutsche.

Die Schwaben waren allerdings nicht die einzigen, die *Tunell* hinten betonten. Laut dem Grimm'schen Wörterbuch war ganz allgemein im Deutschen die Endbetonung nach französischem Vorbild noch bis zum Anfang des 20. Jahrhunderts durchaus üblich. Wie aber steht es um das Geschlecht? Im Englischen lautet der Artikel *the*, was bekanntlich *der*, *die* oder *das* bedeuten kann. Das altfranzösische Wort *tonelle* ist weiblich, das neufranzösische *tunnel* männlich.

Warum sich die Schwaben für das neutrale *das* und der Rest Deutschlands für das maskuline *der* entscheiden haben, darüber kann man heute wahrscheinlich nur noch spekulieren. Vielleicht haben sich die einen am grammatischen Geschlecht des (männlichen) Stollens und die Schwaben an dem Neutrum »das Loch« orientiert.

Jedenfalls können weder die einen noch die anderen sagen, nur sie hätten Recht und die anderen nicht.

Wenn es langsam pressiert

Wo andere es eilig haben, pressiert *es dem Schwaben. Manchmal* pressiert *er auch selber. Und wenn er* langsam pressiert, *heißt das keineswegs, dass er mit Weile eilt.*

»*Pressiert's* arg?« Mit dieser Frage prüfen Eltern, die mit ihren quengelnden Sprösslingen auf der Autobahn im Stau stecken, ob sie nun tatsächlich den Topf hervorkramen müssen oder ob es noch bis zum nächsten Parkplatz langt. In dieser Frage hat das französische Fremdwort *pressieren* einen Rest seiner ursprünglichen Bedeutung bewahrt. Denn *presser*, von lateinisch *pressare*, bedeutet »drücken«, und wenn die Blase drückt, sagt der Schwabe: »'s *pressiert*«.

Das soll allerdings nicht heißen »es drückt«, sondern »es eilt«. Mit »es« ist mithin nicht die Blase gemeint, sondern die Zeit, die drückt oder drängt, wobei die Zeit nicht ausdrücklich genannt ist, sondern im Hintergrund mitschwingt in der unpersönlichen Formulierung *es pressiert*. Die lässt sich erweitern um ein persönliches Fürwort, das ausdrückt, wem *es pressiert*: mir, dir, ihm, ihr, uns, euch, ihnen.

Wenn *es ihm* oder *ihr pressiert*, dann ist das etwas anderes als wenn *er/sie pressiert*. Im einen Falle drängt es ihn/sie, im anderen Falle drängt er/sie, womit er/sie die Abwehrreaktion »*Pressier* doch net so!« auslösen kann.

Sowohl in der unpersönlichen wie in der persönlichen Aussage kann angegeben werden, *wohin* es pressiert. Die unpersönliche Version lautet: »Es *pressiert* ihm auf den Zug«; die persönliche: »Er *pressiert* auf den Zug«. Die erste Variante drückt nur aus, dass der Betreffende unter Zeitdruck steht; die zweite hingegen teilt mit, dass er diesen Druck bereits in eine körperliche Aktion umgesetzt hat.

Um das Drängen zu verstärken, wird gerne das Adverb *langsam* eingesetzt, das jedoch nicht im Sinne von »tempoarm« zu verstehen ist, sondern von »allmählich«, als Eintritt in einen Beschleunigungsvorgang. »Jetzt *pressiert's* aber langsam« meint daher, dass es höchste Zeit wird, den nächsten Gang einzulegen und die Drehzahl zu erhöhen.

Ebenso gut kann man sagen: »Jetzt wird's langsam *pressant*«, was wiederum nicht mit *brisant* zu verwechseln ist – wiewohl ein kausaler Zusammenhang zwischen *brisant* und *pressant* nicht zu leugnen ist: Wer in einer *brisanten* Situation erwischt wird, hat es oft sehr *pressant*. Damit ist bereits erwiesen, dass *pressant* sowohl mit *sein* als auch mit *haben* zu verwenden ist: Ein Auftrag, der *pressiert* (denn nicht nur Lebewesen können *pressieren*), *ist pressant*. Eine Person, die *pressiert*, hingegen *hat es pressant*.

Während das Adjektiv *pressant* allerdings rein französisch ist, wurde an das Verb *presser* die deutsch-französische Misch-Endung *-ieren* gehängt: Die wurde bereits im frühen Mittelhochdeutschen aus der altfranzösischen Infinitiv-Endung *-ier* und der deutschen *-en* gebildet. Somit ist *pressieren* ein Stück deutsch-französisch-schwäbischer Multikultur – falls das hier interess*ieren* möchte.

Dem Trottwar auf der Spur

Während der Duden das Trottoir *zum veralteten Wort für* Bürgersteig *degradiert, spaziert der Schwabe mit der Schwäbin noch immer unverdrossen auf dem* Trottwar.

Das *Trottwar* – natürlich mit Betonung auf der ersten Silbe – hat sich in Süddeutschland und vor allem im Schwäbischen ziemlich erfolgreich gegen den *Bürgersteig* und nicht ganz so glorios gegen den *Gehweg* behaupten können. Warum gerade in Süddeutschland? Liegt es an der geographischen Nähe zu Frankreich? Oder liegt es daran, dass den Süddeutschen der Feldzug gegen das »Fremdwortunwesen«, der um die Wende vom 19. zum 20. Jahrhundert entbrannte und in dem das *Trottoir* durch den *Bürgersteig* ersetzt werden sollte, zu »preußisch« vorkam?

Jedenfalls bietet das *Trottwar* Gelegenheit, kurz durch die Geschichte der französisch-schwäbischen Sprachbeziehungen zu promenieren. Die Sprachwissenschaftlerin Monika Kirchmeier hat sie untersucht und ist dabei zur Erkenntnis gelangt, dass es weniger die Kirche, die Ritter, die Hugenotten und Waldenser sowie die internationalen Verflechtungen des Adels waren, welche die Mundart um französische Einflüsse bereicherten. Vielmehr waren es vor allem Kriege, beginnend beim Dreißigjährigen, und die Kriegsfolgen wie etwa die Neuorganisation von Staat und Verwaltung zur Zeit Napoleons. Immerhin war er der Schöpfer des Königreichs Württemberg.

»Die Franzosen, die Württemberg heimsuchten«, so schreibt Monika Kirchmeier, »erregten nicht nur schreckliche Furcht, sondern auch große Bewunderung unter der einheimischen Bevölkerung. Auf allen Gebieten versuchte man, sie nachzuahmen, in gebildeten Kreisen wurde französisch gesprochen.« Das *Trottoir* aber kam auch in Frankreich erst in Mode, nachdem Napoleon längst dahingeschieden war. Das erste *Trottoir* im heutigen Sinne wurde in Paris 1828 angelegt. Zwar hatte es den Begriff schon zuvor gegeben. Er begegnet vermutlich erstmals in einem Essay über das Üben, den Michel de Montaigne 1580 verfasst hat. Er benutzt darin die Wendung »se jetter sur le *trottoir*«, »sich aufs *Trottoir* werfen«, was so viel bedeutete wie »sich produzieren«.

Damals war das *Trottoir* allerdings noch ein Weg, auf dem man die Pferde traben ließ, was auf Französisch *trotter* heißt. Daher der Name *Trottoir*. Während die Franzosen glauben, *trotter* komme aus dem Althochdeutschen, meinen deutsche Wortforscher, es komme aus dem Spätlateinischen.

Wie auch immer: Das Verb steckt höchstwahrscheinlich auch im *Trottel*, der damit zu erklären wäre, dass er planlos herum*trottet*. Die Resistenz des Wortes *Trottwar* im Schwäbischen nun allerdings damit erklären zu wollen, dass die Schwaben *Trottel* seien und sich daher dem *Trottwar* wesensverwandt fühlen, wäre ebenso boshaft wie falsch. Sie geben eben einfach Althergebrachtes nicht ohne triftigen Grund auf.

Der Schwabe mokiert sich anders

Wenn Schwaben sich mokieren, *tun sie etwas anderes als der Rest der Nation oder die Franzosen: Sie motzen, mucken, meckern.*

Das deutsche Tunwort *(sich) mokieren* kommt vom französischen Verb *(se) moquer*, und das bedeutet »verspotten, auslachen, sich lustig machen«. Im Fremdwörter-Duden ist *mokieren* erklärt als »sich abfällig oder spöttisch äußern, sich lustig machen«. Im Schwäbischen aber *mokiert* man sich meist über Dinge, die man überhaupt nicht lustig findet, über die man sich vielmehr gewaltig ärgert.

Das wirft natürlich die Frage auf, warum das so ist. Die Erklärung, Schwaben seien eben viel zu bierernst, um sich über irgendjemanden lustig machen zu können, sie seien viel zu bieder und rechtschaffen, um über jemanden zu spotten, greift zu kurz und ist abgesehen davon nachweislich falsch. Die andere Erklärung, sie seien eben einfach doof, ist zu schlicht, um diesem Phänomen gerecht zu werden.

Vielmehr hat hier ein schwäbisches Verb – vielleicht waren es sogar zwei – sich mit dem französischen Fremdwort gepaart. Das Ergebnis war eine Variante, deren äußere Gestalt dem französischen Mutterwort ähnelt, deren Sinn aber ganz auf das schwäbische Vaterverbum herauskommt. Und dieses lautet mit hoher Wahrscheinlichkeit *mocken* – wobei die Vaterschaft nicht hundertprozentig feststeht. Es könnte auch das in der hochdeutschen Umgangssprache verbreitete Wort *mucken* in Frage kommen.

Betrachten wir zunächst *mocken*: Im Schwäbischen Wörterbuch ist es ausgewiesen als »trutzen, verdrießlich tun, ein saures Gesicht machen, ohne zu reden«. Möglicherweise liegt hier eine Verwandtschaft zu *bocken* im Sinne von »bockig sein« vor, was uns hier aber nicht weiter beschäftigen soll. Lassen wir es beim Hinweis auf eine von Aurbacher überlieferte Redewendung »*mocken* und bocken«.

Dementsprechend bedeutet das französisch endende Eigenschaftswort *mokant* dasselbe wie *mockig*, nämlich »finster, mürrisch«, während das gleich lautende französische *moquant* dem deutschen Adjektiv »spöttisch« entspricht.

Nun gibt oder gab es laut Hermann Fischers Schwäbischem Wörterbuch auch ein schwäbisch-französisches Mischwort, das *muckieren* lautet und inhaltlich dem deutschen *mucken* »sich rühren, einen Laut geben, eine Bewegung machen« entspricht. Und Fischer zitiert eine Redensart: »*Muckier* di net!«, eine Aufforderung, sich nicht zu widersetzen.

Vielleicht haben auch beide, sowohl *mocken* wie *mucken*, das französische Fremdwort befruchtet und so zur schwäbischen Lesart von *mokieren* beigetragen. Denn irgendwie ist von beiden was darin enthalten – und bei näherer Betrachtung auch noch ein Schuss *Bock*igkeit.

Jedenfalls ist damit erwiesen, dass sich die Schwaben zu Recht auf ihre Art über jene *mokieren*, die meinen, sich auf hochdeutsch über die schwäbische Anwendung dieses Wortes *mokieren* zu müssen.

Körper, Seele und Verhalten

Viele schwäbische Begriffe und Redensarten sind nur aus der komplizierten schwäbischen Psyche zu verstehen

Gschiß ums Gschiss

Der typisch schwäbische Vorwurf, jemand habe oder mache ein Gschiss *oder* Gschiß, *kann vieles bedeuten. Aber er ist nicht so anrüchig, wie es zunächst scheint.*

Bevor wir uns in die Bedeutung und Herkunft des Wortes *Gschiss / Gschiß* vertiefen, ist zunächst ein Problem zu klären, das die neue deutsche Rechtschreibung aufgeworfen hat. Die verlangt nämlich, dass das stimmlose oder scharfe *s* nach kurzem Vokal *ss* und nach langem Vokal *ß* geschrieben wird.

Nun ist aber das Schwabenland, was das *Gschiss / Gschiß* betrifft, zweigeteilt. Im Westen sagt man *Gschiss* mit kurzem *i*, im Osten *Gschiß* mit langem *i*, und bisher hat keine Rechtschreibkommission erklärt, was richtig sei. Um diese Erörterung nicht in ein *Gschiß* um die korrekte Schreibweise von *Gschiss* ausarten zu lassen, schreiben wir es einfach so, wie es in Fischers Schwäbischem Wörterbuch steht: mit *ss*.

Damit sind wir bereits bei einer der Bedeutungen des Wortes angekommen, die man mit »unnötige Umstände« übersetzen könnte. Mit *Gschiss* gibt der Sprecher ein deutliches Genervtsein zum Ausdruck. Und genervt sein kann man von allem Möglichen, nicht nur von allzu detaillierten orthographischen Einlassungen.

Wenn es etwa jemand übertrieben wichtig mit etwas oder jemandem hat, reagiert die Umwelt gerne ablehnend bis allergisch. Und das äußert sich dann beispielsweise im Vorwurf: »Was der für a *Gschiss* mit dera håt!« In diesem Fall ist das *Gschiss* geschlechterübergreifend und deutet daher auf ein unkontrolliertes Balzverhalten.

Wer ein *Gschiss* mit seinen Kindern hat, missachtet die klassische Erziehungsregel, dass man dem Nachwuchs nicht mehr Aufmerksamkeit zuwenden soll als ihm gut tut. Die Aufforderung

»Mach koi so a *Gschiss*!« kann sich auch gegen nervtötendes Gejammer richten.

Das Merkwürdige am *Gschiss* ist, dass auf die Frage, wo dieses Wort sich herleitet, wohl die meisten auf *scheißen* tippen würden, dass hingegen *Gschiss* ungehemmter über die Lippen geht als jenes Verbum, auf das es vermeintlich zurückgeht.

Diese Herkunft ist aber keineswegs gesichert. Zwar erklärt das Grimm'sche Wörterbuch *Geschiss* lapidar mit »das Scheißen, dann Wesen, Umstände«, was den Eindruck verstärkt, dass das eine mit dem anderen zusammenhängt. Hingegen ordnet Fischer das *Geschiss*, wo es im Sinne von »übergroße Geschäftigkeit, Umständlichkeit, viel Wesens« etc. gebraucht wird, eindeutig dem Zeitwort *schießen* zu.

Das weist auf eine inzwischen vergessene Bedeutung von *schießen* hin, die eine schnelle Bewegung kennzeichnet. So gibt es im Schwäbischen wie im Schweizerdeutschen neben *Gschiss* tatsächlich auch das Wort *Gschieß* mit der Bedeutung »allzu rasches Gehen, hastiges Hin- und Herrennen«. Doch wie das *Gschiss* tatsächlich zustande gekommen ist, das herauszubekommen ist eine wichtige Aufgabe für künftige Forschergenerationen.

Volk der Bruddler und Brägler

Wenn der Schwabe grantig ist, dann bruddelt *oder* brägelt *er. Das sind zwei vergleichsweise geräuscharme Möglichkeiten, seinen Unmut anhaltend kundzutun.*

Wenn einmal der Zorn in ihm hochkocht, kann auch der Schwabe fuchsteufelswild und ziemlich laut werden. Solche Temperamentsausbrüche sind bei ihm zwar nicht auszuschließen, doch neigt er eher zu verhalteneren, dafür aber umso anhaltenderen Unmutsäußerungen, etwa zum *Bruddeln*. Diese Verhaltensweise bevorzugt er, wo kein unmittelbarer Handlungsbedarf besteht, wenn ihm etwas zwar nicht passt, er jedoch lautstarken Protest für sinnlos, übertrieben oder inopportun hält. Dann *bruddelt* er lieber. Vielleicht *brägelt* er auch bloß.

Bruddeln tut, wer nicht ganz, sondern nur halb narret ist. Es ist introvertierter als das Schimpfen, ähnelt dem Schmollen, welches allerdings auch lautlos zu bewerkstelligen ist. Im Gegensatz dazu ist das *Bruddeln* mit verbalen Äußerungen verbunden, die jedoch eher an sich selbst als an ein Publikum gerichtet sind. »Widerwärtig brummen, murren, seine Unzufriedenheit halblaut zu verstehen geben«, so definiert Fischers Schwäbisches Wörterbuch. Man sagt daher auch »vor sich nâå *bruddle*«: Die Umwelt soll ruhig mitbekommen, dass man sich über etwas oder jemanden ärgert, doch liegt es nicht in der Absicht des *Bruddelnden*, sich auf Diskussionen über die Gründe seines Unmuts einzulassen. Er belässt es dabei, ihn kundzutun und schließt diese Äußerung gerne ab mit dem Satz »Ha, isch doch au wahr!« Ist er versöhnlich gestimmt, hängt er noch ein »Oder?« an.

Brägeln ist eine variable Vorstufe des *Bruddelns* – variabel deswegen, weil sie nicht nur dazu dienen kann, ein Nichtgefallen, sondern auch einen Mangel mitzuteilen: die Unfähigkeit, sich kurz und prägnant auszudrücken. Fischer übersetzt *brägle* daher mit »umständlich reden, besonders unaufhörlich tadeln oder betteln«. Der feine Unterschied zwischen *bruddle* und *brägle* erklärt sich aus der ursprünglichen Bedeutung jener Verben, die beide aus dem Küchenvokabular stammen. *Bruddle*, das Fischer übrigens mit nur einem *-d-* (*brudeln*) schreibt, ist dasselbe wie »brodeln«. In der Redensart »*bruddle* wie en alter Krauthafe« verbinden sich der ursprüngliche und der übertragene Sinn des Wortes. *Brägle* hingegen bedeutet laut Fischer »im Schmalz backen, schwach rösten; z. B. Würste, schon gekochtes Fleisch, besonders aber ›Spatzen‹, ›Knöpflein‹, Kartoffeln, Nudeln u. ä.«. Daraus erhellt, was man sich unter »*bräglete* Spätzle« vorzustellen hat.

Auf menschliche bzw. schwäbische Verhaltensweisen übertragen, bedeutet dies, dass das *Bruddle* näher als das *Brägle* am Siedepunkt angesiedelt ist. Doch der wird weder vom *Bruddler* noch vom *Brägler* erreicht, die als bedächtige Schwaben sowohl vom Schäumen wie vom Überschäumen weit entfernt sind.

Wozu die Gosch gut ist

Einer der wichtigsten Körperteile des Schwaben ist die Gosch. *Der eine reißt sie auf, der andere zieht es vor, sie zu halten, aus Angst, dass er sonst eine draufkriegt.*

»Halt' dei' *Gosch*!« Im Zeitalter der Konferenzen und Besprechungen, in denen ohnehin viel zu viel geschwätzt wird, wäre es durchaus angebracht, diesen Befehl zum kategorischen Imperativ zu erheben. Doch in dieser lakonischen und daher kompromisslosen Form ist er nicht gesellschaftsfähig.

Anders verhält es sich mit der Langversion: »Oh halt doch du dei domma *Gosch*!« Da schwingt ein Schmunzeln mit, eine leise Anerkennung, dass es der andere geschafft hat, seinen Gesprächspartner argumentativ zu entwaffnen.

Insgesamt aber wird das Wort *Gosch* nach wie vor als grob empfunden – wenn auch nicht ganz so grob wie *Maul*, das den direkten Vergleich zum Tier wissentlich und willentlich provoziert.

Denn trotz alledem ist und bleibt die *Gosch* menschlich, selbst die große und erst recht die lose. In modifizierter Form drückt das Wort Ablehnung oder Zuneigung aus. Setzt man etwa das Eigenschaftswort *ôôg'wasche* davor, deutet dies auf Gefahr im Verzug: Wer dem anderen nahe legt, sei *ôôg'waschena Gosch* zu halten, drückt damit aus, dass im Falle der Nichtbefolgung der Erstschlag auf dieselbe droht. Das *Göschle* hingegen signalisiert unverhohlenes Wohlwollen, das Gefahr läuft, auf die Grenze zur Zudringlichkeit zuzusteuern. Bewunderung vor Schlagfertigkeit und vor der Fähigkeit, einen Sachverhalt in gnadenloser Schärfe zu formulieren, schwingt mit im Vergleich *a Gosch wie a Schwert*.

Schließlich reicht die *Gosch* weit über die anatomische und rhetorische Dimension hinaus: Sie spielt eine wichtige Rolle in der Pädagogik. Nachdem die antiautoritäre Erziehung ihre

Schwächen nachhaltig offenbart hat, etwa indem jeder meint, die *Gosch* auch dann aufreißen zu müssen, wenn er außer Inkompetenz nichts vorzubringen hat, findet die allmähliche Rückbesinnung statt. Dabei verweisen die Alten gerne auf das seinerzeitige Prinzip, dem vorlauten oder altklugen Nachwuchs »oina an d' *Gosch* nââ« zu geben.

Doch woher kommt dieses unentbehrliche Wort? Manche vermuten Frankreich als Ursprungsland, dem die Schwaben andere sprachliche Errungenschaften wie *Trottwar* und *pressieren* verdanken.

Das Etymologische Wörterbuch bestätigt dies nicht, stellt vielmehr fest, dass die Herkunft der *Gosch* unklar ist. Doch es weist auf zwei lateinische Vokabeln hin, zu denen ein Zusammenhang bestehen könnte. Die eine, *geusiae*, bedeutet »Rachen, Schlund« und kommt möglicherweise aus dem Keltischen. Die andere, *gula*, bedeutet »Schlund, Kehle«, und die ist auf alle Fälle die Mutter der französischen *gueule*, die der schwäbischen *Gosch* entspricht: »Ta *gueule*!« heißt »Halt d' *Gosch*!« Was mangels weiterer Erkenntnis hiermit befolgt sei.

Von der Grattel zu dem Grattel

*Wenn es einem zu gut geht, läuft er Gefahr, einen Allmachts-*Grattel *zu entwickeln. Wenn er aber »kaum no* grattle« *kann, geht es ihm ganz schlecht.*

Die Bandbreite der Befindlichkeiten, die sich mit den Mitgliedern der Wortfamilie *Grattel* ausdrücken lässt, sucht ihresgleichen. Sie reicht von den Höhen der Arroganz bis in die Tiefen des Rheumatismus. Außerdem lassen sich damit Körperpartien, Bewegungsarten und Krankheiten beschreiben.

Im Duden suchen wir *Grattel*, *gratteln*, *Grattler* und *grattlig* vergebens. Man kennt diese Wörter in der Hochsprache nicht (mehr). Im Schwäbischen hingegen bedient man sich ihrer gerne. Wo andere klagen »Ich komm' auf dem Zahnfleisch daher«, stöhnt der Schwabe kürzer und prägnanter: »I ka kaum no *grattle*.« Dementsprechend nennt man einen durch Rheuma oder sonstige Zipperlein gehbehinderten Greis einen »alten *Grattler*«. Kann einer jedoch vor lauter Aufgeblasenheit kaum gehen, dann hat er einen *Grattel*, wobei diesem gerne noch ein verstärkendes Mords- oder Allmachts- vorangestellt wird. Etwas ganz anderes ist *die Grattel*, nämlich jene Stelle, an der sich der Körper in zwei Beine gabelt – auch »Schritt« genannt – und wo mitunter die Hose reißt. Die ist dann »in dr *Grattl* verrisse«.

Wie kommt es zu diesen doch sehr divergenten Bedeutungen? Das Hauptwort *Grattel* und das Eigenschaftswort *grattelig* sind vom Zeitwort *gratteln* abgeleitet, das im Grimm'schen Wörterbuch übersetzt ist mit »spreizen, namentlich die Beine spreizen« sowie den weiteren Bedeutungen »steigen, klettern« und »krabbeln, kriechen«. Fischers Schwäbisches Wörterbuch vermutet, dass dahinter der lateinische *gradus* (Schritt) steckt, dessen Verkleinerung *gradulus* (Schrittchen) sowohl lautlich wie auch sinngemäß dem *gratteln* schon ziemlich nahe kommt. Aus der Tatsache, dass manche, die mit Mühe den Schritt zum akademischen oder sonst einem *Grad* geschafft haben, einen Allmachts-*Grattel* entwickeln, darf jedoch nicht geschlossen werden, dass der *Grattel* ein direkter Abkömmling von *Grad* ist, sondern, wie schon bemerkt, vom *gratteln* kommt.

Das gilt zumindest für den ersten der drei *Grattel*, die Grimm sorgfältig voneinander trennt. Laut Grimm gibt es 1. *der / die / das Grattel*: Spreizung, namentlich der Beine, auch Astgabel; Stellung mit gespreizten Füßen; 2. *der Grattel*: Geschwür; 3. *der / die Grattel*: Hochmut, Dünkel. Das schweizerische Idiotikon deutet die Möglichkeit an, dass *Grattel* (Hochmut) vom französischen *gratter* oder *gratteler* (kratzen, kraulen) hergeleitet werden könnte, im Sinne eines Kitzels.

Die Frage ist, ob man die Erklärung wirklich so weit herholen muss. Schließlich reicht die Bedeutung »Spreizung, namentlich der Beine« aus, um sie auf einen Angeber zu übertragen, der vor Bedeutung schier platzt – gerade auch in der *Grattel*.

Wo der Ehrenkäs duftet

Eines der Eigenschaftswörter, die den Schwaben unentbehrlich sind, ist ehrenkäsig. *Man muss sich wundern, wie andere Mundarten ohne diesen Begriff auskommen.*

Ehrenkäsig: Wie viele Befindlichkeitsstörungen und wie viele zwischenmenschliche Konflikte lassen sich mit diesem einen Wort plausibel erklären! Hermann Fischer definiert es in seinem Schwäbischen Wörterbuch: »in Ehrensachen, Rang, Titel, Etikette kleinlich empfindlich«.

Diese kleinliche Empfindlichkeit betrifft das symbolische Kapital der Ehre, das der Schwabe ebenso hartnäckig verteidigt wie sein materielles, das Sach: Man schafft nicht gerne umsonst, und wenn man für seinen ehrenamtlichen Einsatz schon kein Geld bekommt und die spätere Belohnung im Himmel reine Glaubenssache ist, dann muss der Lohn wenigstens aus gebührender Anerkennung bestehen. Und wehe, wenn jemand diesen ideellen Lohn zu drücken oder gar einzubehalten versucht! Dann reagiert der Schwabe *ehrenkäsig*. (Wobei der Vollständigkeit halber anzumerken ist, dass besoldete Würdenträger nicht minder *ehrenkäsig* sind.)

Jedem das rechte Maß an Ehre zukommen zu lassen, bedarf eines Höchstmaßes an Fingerspitzengefühl. Gnade Gott dem Vereinsvorsitzenden, der in der Jahreshauptversammlung die verdienten Mitglieder in der verkehrten Reihenfolge erwähnt oder womöglich eines zu erwähnen versäumt. Wie aber ist die richtige Reihenfolge? Nach welcher Formel, in die Alter, Mitgliedsjahre und ehrenamtlicher Einsatz einzugehen haben, wird sie berechnet?

Überlassen wir die Antwort den Schreibern für Vereins-Ratgeber. Wenden wir uns lieber der Frage zu, woher dieses merkwürdige Wort stammt, das es nur im Schwäbischen gibt. In den Lexika der anderen Mundarten sucht man es vergebens, ebenso im Deutschen Wörterbuch der Brüder Grimm. Nur Fischer hat es aufgenommen und in oben zitierter Weise erklärt. Doch über die Herkunft ist auch er sich unsicher: »Ob aus *-grätig*? *-gehässig*? Jedenfalls denkt man an Käs = unbedeutende Sache«, schreibt er.

An einer anderen Stelle in Fischers Schwäbischem Wörterbuch findet man allerdings noch ein weiteres Wort, das wie *Käs* mit langem *ä* ausgesprochen wird, sich aber *G'häss* schreibt und dasselbe bedeutet wie *Häs* (bei Fischer: *Häss*), nämlich Anzug. Könnte es sein, dass dem Begriff *ehrenkäsig* ein Bild zugrunde liegt, in dem sich jemand in die Ehre hüllt wie in einen Sonntagsanzug? Das wäre zumindest freundlicher als das Bild eines Ehr-Geizes, der gleich einem stinkenden Weichkäse an einem haftet und den anderen in die Nase sticht.

Doch wird es wohl letztgenannte Assoziation sein, die diesem Adjektiv zu seiner ungewöhnlichen Beliebtheit verholfen hat. Warum aber gibt es dieses Wort nur im Schwäbischen? Etwa weil die Angehörigen anderer Stämme weniger *ehrenkäsig* wären? Wohl kaum. Eher deswegen, weil sie nicht kreativ genug waren, ein so schönes Wort zu erfinden.

Scho narret!

Wenn Menschen allzu gut aufgelegt sind, neigen sie dazu, übermütig oder gar närrisch *zu werden. Wenn hingegen ein Schwabe* narret *wird, dann ist Gefahr im Verzug.*

»Jetz isch'r scho *narret.*« Diese Bemerkung will sagen: Dein Gegenüber ist hochgradig verstimmt. Es ist nicht mehr bereit, deinen Ausführungen zu folgen. Beende daher die Konversation, denn jedes weitere Wort steigert die Gefahr eines Tobsuchtsanfalls.

Narret sein: Das ist der furor Suevicus, der schwäbische Zorn. Er unterscheidet sich vom jähen, offensiven furor Teutonicus, der teutonischen Raserei, durch eine introvertierte, beleidigte Komponente: Man ist meistens nicht einfach *nur* narret, sondern narret *auf jemanden.* Dafür bieten sich an: 1. der Verursacher des Zorns, der einen durch sein saudummes Geschwätz oder Verhalten dazu gezwungen hat, den Laden dicht zu machen und zu bruddeln, oder 2. die Umwelt im Allgemeinen.

Narret sein bedeutet mithin auch eine selbstgewählte Isolation, die man nicht einfach so wieder verlassen kann. Es muss sich erst ein geeigneter Anlass finden, etwa ein Signal der Reue jener, die diesen Zustand verursacht haben. Da aber der schwäbische Stolz es ablehnt, Reue zu zeigen, kann es mitunter ziemlich lange dauern, bis ein solches Signal erfolgt, das dem Narreten erlaubt, ohne Gesichtsverlust in seine normale Gemütsverfassung zurückzukehren – etwa, nachdem ihm ein einfühlsames Umfeld lange genug schön getan hat, ohne dabei pädagogisch zu erscheinen.

Möglicherweise ist es die hohe Komplexität dieses Vorgangs, ist es das komplizierte Geflecht von Reaktionen und Gegenreaktionen, was den Vergleich zum Verhalten eines Narren provoziert hat. Denn *narret,* das im Grimm'schen Wörterbuch gleich gestellt ist mit *närricht, narricht* und *narrecht*, wird dort mit »töricht, verkehrt, unklug, wunderlich« u. ä. übersetzt.

Die Bedeutung »zornig« suchen wir dort allerdings vergeblich. Es bleibt dem Schwäbischen Wörterbuch vorbehalten, die Definition von *narret* über *närrisch* (verrückt) hinaus auszudehnen: »Häufiger im weiteren Sinn. Besonders von Aufregungszuständen, Zorn, Ungeduld usw.«

Ungeduld: »Dua doch net so *narret*!« In diesem Fall ist mit *narret* ein ungesunder Eifer gemeint, der befürchten lässt, dass der davon Befallene dem Herzkasper zum Opfer fällt. Hier bezeichnet *narret* nicht die schlichte Wut, sondern die übertriebene Arbeitswut.

Zurück zum Zorn: Ist jemand so *narret*, dass er zu den gotteslästerlichsten Flüchen greift, dann spricht man paradoxerweise auch von *kreuznarret*. Das mag ebenso widersinnig erscheinen, wie die Tatsache, dass jemand, der *narret* ist, jeden Humor verloren hat. Wenn einem in diesem Zustand Befangenen jemand *närrisch* kommt, womöglich auch noch in der Absicht, ihn aufzumuntern, riskiert er Kopf und Kragen. In solchen Fällen hilft nur das alte Rezept: Mache lasse.

Das Schwabenalter

Verbirgt sich hinter dem Begriff Schwabenalter *eine Beleidigung, oder hebt er die Schwaben positiv gegenüber anderen Stämmen ab?*

Das *Schwabenalter* ist definiert als der Lebensabschnitt jenseits der 40. Die Begründung lautet, der Schwabe werde mit 40 Jahren »gescheit«, was immer man darunter verstehen mag. Denn aus den allfälligen Oberschul-Aufsätzen, deren Verfasser genötigt wurden, die Begriffe »klug«, »intelligent« und »gescheit« zu erörtern und gegeneinander abzugrenzen, wissen wir, dass jemand einen hohen Intelligenzquotienten haben kann, ohne deswegen zwangsläufig klug, geschweige denn gescheit sein zu müssen.

Ob die Definition beleidigend ist oder nicht, hängt vom Wörtchen »erst« ab. Wer sagt, Schwaben würden »erst« mit 40 gescheit, unterstellt, andere seien es bereits vorher. Schwaben pflegen sich gegen diese Lesart mit jenem Spruch zu verteidigen, dessen defensiver erster Zeile *Mir Schwåba werde erscht mit 40 g'scheit* die Gegenoffensive folgt: *Die andere net in Ewigkeit.*

Was soll man von diesem Spruch halten? Ganz offensichtlich liegt ihm die kollektive Verunglimpfung einer Bevölkerungsgruppe zugrunde, wie wir sie aus den Ostfriesenwitzen kennen. In der Tat waren die Schwaben die Ostfriesen der frühen Neuzeit; sie galten schlicht als dumm.

Differenzierter ausgedrückt hat sich Johannes Böhm, einer der ersten deutschen Volkskundler. In seiner 1520 erschienenen Beschreibung der Sitten und Gebräuche aller Stämme bescheinigt er den Schwaben: *Sero resipiscunt*, frei übersetzt: »Sie kapieren spät.« Mit diesem Phänomen hat sich 1781 der Berliner Friedrich Nicolai auf seiner Reise durch Deutschland ernsthaft auseinander gesetzt: Der Charakter der Schwaben sei *oft auf die unbilligs-*

te Art missdeutet worden. Er attestiert ihnen *Gemächlichkeit, Zufriedenheit und Ruhe* sowie *eine gewisse Treuherzigkeit und ein unbefangenes Wesen, ... das selbst nichts von Arglist hat und sie bei anderen auch nicht vermuthet*. Dies habe dazu geführt, *daß ein Schwabe seinen Vortheil nicht genau wahrnahm*. Das aber habe man den Schwaben als Dummheit ausgelegt. Und deswegen bedeute das *allgemein bekannte Sprüchwort*, wonach die Schwaben *erst im fünfzigsten* (!) *Jahre klug* werden, keine späte Entwicklung der Verstandeskräfte, sondern *deren spätere Anwendung im gemeinen Leben*.

Ob mit 50 oder mit 40 – bemerkenswert ist, wie Nicolai sich das Zustandekommen des Sprichworts erklärt: *Man bemerkte, daß ein Schwabe, der sehr oft durch seine angeborne Gutherzigkeit von anderen war überlistet worden, endlich durch lange Erfahrung aufmerksam gemacht ward, um sich durch seinen angebornen Verstand vor der Schlauigkeit anderer zu hüten*.

Kürzer und zeitgemäßer ausgedrückt: Von seinem 40. Geburtstag an erkennt der Schwabe, dass er verarscht wird. Und, so sei hinzugefügt, wenn andere dies früher erkennen, nützt es ihnen auch nichts.

Was ist ein Schwabenstreich?

Was ist eigentlich ein Schwabenstreich? *Rügt dieser Ausdruck eine Dummheit, oder rühmt er jenen tollkühnen Coup, den Ludwig Uhland zum geflügelten Wort verdichtet hat?*

In schöner Regelmäßigkeit werden, etwa in der Zeitung, Dummheiten jedweder Art als *Schwabenstreiche* gebrandmarkt. Und nie mangelt es an Leserbriefschreibern, die anschließend darauf hinweisen, dass dies falsch sei: Ein *Schwabenstreich* sei etwas anderes als ein Schildbürgerstreich. Und als Beweis wird Ludwig Uhlands Gedicht »Der wackere Schwabe« angeführt.

Erinnern wir uns: Als Kaiser Rotbart lobesam auf seinem Kreuzzug durch ein unwegsames Gebirge zieht, bleibt ein Schwabe aus schwäbischer Tierliebe zu seinem schwächelnden Gaul hinter der Truppe zurück. Plötzlich wird er von einer halben Hundertschaft türkischer Landesverteidiger angegriffen, was ihn jedoch wenig beeindruckt: *Der wackre Schwabe forcht sich nit, / ging seines Weges Schritt vor Schritt.* Doch als er dann direkt angegriffen wird, *da faßt er erst sein Schwert mit Macht, / er schwingt es auf des Reiters Kopf, / haut durch bis auf den Sattelknopf, / haut auch den Sattel noch zu Stücken / und tief noch in des Pferdes Rücken; / zur Rechten sieht man wie zur Linken, / einen halben Türken heruntersinken.*

Der Feind flieht, der Kaiser freut sich und fragt den Helden: *Wer hat dich solche Streich' gelehrt?* Der antwortet schwäbisch bescheiden: *Die Streiche sind bei uns im Schwang; / sie sind bekannt im ganzen Reiche, / man nennt sie halt nur* Schwabenstreiche.

Klammern wir die Frage aus, ob es politisch korrekt ist, in kriegerischer Absicht ins Ausland zu reisen und dort Einheimische zu halbieren. Betrachten wir die Botschaft, die Uhland vermitteln wollte: *Schwabenstreiche* sind gewaltig, furchtbar, gründlich und tödlich. Tatsächlich ist er historisch im Recht, wenn er den alten Schwaben erhöhte Tapferkeit nachsagt. Die hatten im Mittelalter das Vorrecht, in der ersten Reihe zu kämpfen. Daher das Sprichwort: »Die Schwaben fechten dem Reich vor.« Der Sage nach hat dieses Recht, unter allen Völkern des deutschen Reiches dem Heer vorzustreiten, Karl der Große seinem Schwager, dem Alemannenherzog Gerold, verliehen, als der kniefällig darum bat.

Andererseits sind die wohl berühmtesten schwäbischen Krieger die sieben Schwaben mit ihrem Spieß, die vor einem Hasen davonliefen. Und deren merkwürdige Taten waren jahrhundertelang als *Schwabenstreiche* bekannt, bevor Ludwig Uhland zur Feder griff, um das Gedicht vom wackeren Schwaben zu reimen.

Somit dürfte klar sein: Ludwig Uhland hat mit seiner Ballade versucht, die Schwaben vom Makel der Deppen der Nation zu befreien. Dieses kühne Unterfangen war der Versuch eines *Schwabenstreichs* im Uhland'schen Sinne, eines Befreiungsschlages. Nur: Genützt hat er offenbar nicht viel.

1/2 Pf
3 Eier
Meh
1/8

Schwabenfutter

Auch der Schwabe ist, was er isst

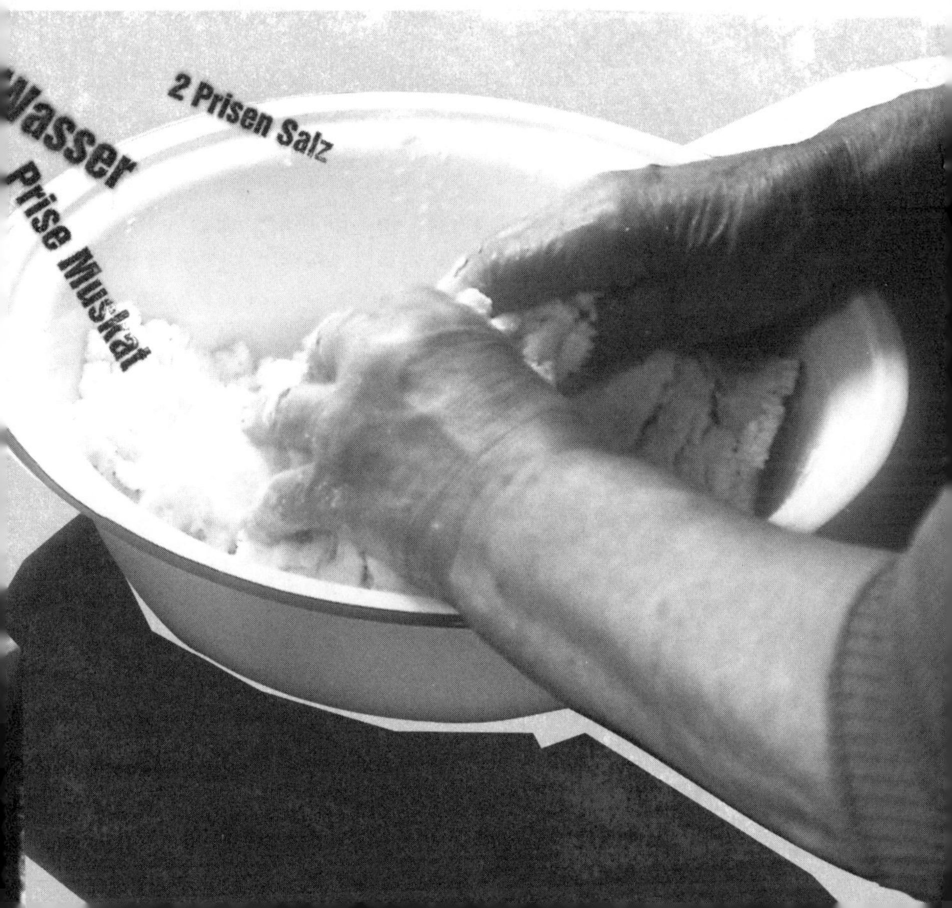

Der Schwaben Leibgericht

Die Schwaben gelten als ausgesprochen eigensinnig; selten teilt einer die Meinung des anderen. Doch was ihr Leibgericht betrifft, sind sich alle einig: Spätzle.

Die Herkunft des *Spätzles* ist, sowohl was das Ding an sich als auch seinen Namen betrifft, noch immer nicht gesichert. Spekulationen über den Ursprung des Begriffs gibt es viele, angefangen von einer vagen Ähnlichkeit mit frisch geschlüpften Haus-Sperlingen bis zu den gelehrten Erwägungen des Ulmer-Münster-Konzertmeisters Georg Hertz.

Der hat in seiner 1937 erschienenen Autobiographie »So reich ist die Welt!« das Wort *Spätzle* auf das italienische *spezzato* zurückgeführt, das er mit »Gestückeltes, Geschnetzeltes« übersetzte: »Das Küchenlatein der Mönche, die ein *spezzato* aus Teig machten, wurde von den Schwaben irrtümlich oder witzig mit *Spätzle* verdolmetscht.«

Hertz ist nicht der erste, der im *Spätzle* eine italienische Wurzel wittert. Zuvor schon war vermutet worden, der Volksmund habe »pasta« zu einem schwäbisch ausgesprochenen *Spatza* vernuschelt. Aber die eine wie die andere Erklärung ist buchstäblich weit hergeholt. Der von Hertz hergestellte Bezug zum Küchenlatein der Mönche ist nirgends verbürgt. Die frühesten Belege für das Wort stammen aus dem 18. Jahrhundert, während die wesensverwandten *Knöpfle* schon früher literarisch verbraten worden sind – etwa in der Figur des *Knöpflesschwaben*, der bezeichnenderweise nicht *Spätzlesschwab* heißt.

Zudem finden wir in Belegen aus dem 18. Jahrhundert mehr *Spatzen* als *Spätzle*. So bemerkt Rosinus Lentilius in seinem 1725 erschienenen Buch über den Göppinger Sauerbrunnen: »In des Badmeisters Küche zoge ich Erkundigung ein, ob man das Sauer-

Wasser auch zum Kochen gebrauchte, und bekame zur Antwort, daß alles, was von Meel zubereitet wird, als Knöpflein, Nudeln, Spazen etc. schmakkhafter und lukkerer vom Sauer-Brunnen als vom süßen Wasser werden.« Auch in dem 1795 gedruckten Versuch eines schwäbischen Idiotikon von Johann Christoph Schmid gibt es keine *Spätzle*, sondern »*Spatzen*, kleine Klöße von Mehl und Wasser«. Um dieselbe Zeit schrieb eine unbekannte »Freundin der Kochkunst« das Göppinger Kochbuch. Es enthält Rezepte für »gute Wasser*späzlen*«, »gebrühte Wasser*spazen*« und »gebrühte Milch*späzlein*«.

Einen interessanten Hinweis enthält das Schweizerische Idiotikon, nämlich dass die tägliche Fleischration des Soldaten *Spatz* genannt wurde. Dazu passt der Hinweis in Kluges Etymologischem Wörterbuch, dass der *Spatz*, von dem die *Spätzle* stammen, möglicherweise nicht das gleiche Wort sei wie der *Spatz* im Sinne von »Sperling«, sondern ein Ausdruck für »Klumpen«.

Ob *Spätzle* nun »kleiner Klumpen« oder »kleiner Sperling« bedeutet: Freuen wir uns, dass niemand auf die Idee gekommen ist, die *Spätzle* so zu bezeichnen, wie sie aussehen. Sonst müssten sie nämlich *Würmle* heißen.

Pröbstlich oder knackig?

Im Land der Schwaben genießt man die Erdbeere differenzierter als anderswo. Denn nur hier unterscheidet man zwischen der Erdbeere und dem Bräschtling.

Man findet ihn nur in wenigen neuen Wörterbüchern und im sechsbändigen Brockhaus-Wahrig unter P als *Prestling*: den *Brestling* oder *Brästling*, der *Bräschtling* gesprochen wird. Im Duden-Taschenbuch »Wie sagt man anderswo?«, das die landschaftlichen Unterschiede in der deutschen Sprache behandelt, steht unter »Erdbeere« zu lesen, dass die oberdeutschen Mundarten dafür die Begriffe *Bretli*, *Breslig* und *Brästling* kennen.

Der Hinweis allerdings, dass damit vor allem die Walderdbeere gemeint sei, trifft zumindest für den *Brästling* keinesfalls zu. Im Gegenteil – und damit sind wir beim differenzierten Erdbeergenuss der Schwaben: Wer allein schon das Wort *Bräschtling* in den Mund nimmt, dem läuft darin das Wasser zusammen noch bevor er der Frucht ansichtig geworden ist. Vor seinem geistigen Auge erscheint eine pralle, reife, tiefrote und aromatische King-Size-Erdbeere, denn nur eine solche verdient die Bezeichnung *Bräschtling*. Alles andere sind eben mehr oder weniger reife Erdbeeren oder -beerlein, die man am besten mit viel Zucker zu Marmelade verarbeitet.

Mit anderen Worten: der Begriff *Bräschtling* gibt ein Mindestvolumen vor, das die gemeine Erdbeere nicht erreicht – und die Walderdbeere schon gleich gar nicht. Folgerichtig gibt Fischers Schwäbisches Wörterbuch an: »Nur die im Garten gebaute, nicht die wildwachsende Erdbeere. Eine Gattung großer, wohlschmeckender Erdbeeren.«

Das Wort lässt sich weit zurückverfolgen. Der *brestlinc* steht bereits im »buoch von guoter spise«, der ältesten bekannten deutschen Rezeptsammlung, die in den 1340er Jahren verfasst wurde. Darin wird allerdings auch nicht erklärt, was es mit diesem Wort auf sich hat.

Im Bayerischen Wörterbuch ordnet Andreas Schmeller den *Brästling* einer Wortfamilie zu, deren Oberhaupt der Propst ist: »Der *Pröbstling*, große Erdbeere; ein dicker, fetter Mensch; *bresteline, Breßling*«, so liest man dort. Diese Lesart, den *Brästling* als einen verstümmelten *Pröbstling* zu begreifen, besticht natürlich, bedient sie doch das Klischee vom feisten, den kulinarischen Genüssen zugewandten Geistlichen. Allerdings hat schon Fischer dagegen Bedenken angemeldet und im *Pröbstling* ein Produkt der »Volksetymologie« vermutet. Darunter versteht man den laienhaften Versuch, einen Begriff aus einem anderen, ähnlich lautenden zu erklären, was oft in die Hose geht.

Einen professionellen Versuch finden wir im oben zitierten Landschafts-Duden. Dort wird der *Brästling* von mittelhochdeutsch *brasten* (knacken) hergeleitet. Ob zu Recht oder nicht, sei dahingestellt. Jedenfalls ist der Gedanke an etwas Knackiges dem Gegenstand sicher eher angemessen als der Gedanke an einen dicken Klostervorsteher.

Kartoffelsalat und krumplipüré

Das Rohmaterial, aus dem die schwäbische Hausfrau den echt schwäbischen Kartoffel*salat herstellt, heißt im Schwäbischen* Grombire, Bodebire, Erdbire *oder* -äpfel.

Der Korrektheit halber sei vorausgeschickt, dass sich die *Grom-, Bode-, Erdbiren* und *-äpfel* vor der *Kartoffel* immer weiter ins Innere des Landes und der Familien zurückziehen. Vielleicht liegt das daran, dass der *Kartoffel*salat halt doch leichter von der Zunge geht als der *Erdäpfel-* oder *Grombire*salat. Auch andere Gerichte auf *Kartoffel*basis klängen merkwürdig, würde man sie mit den schwäbischen Bezeichnungen zwangsvereinen. Man denke nur an *Grombire*puffer.

Doch selbst wenn die *Kartoffel* auf dem Vormarsch ist, dienen ihre schwäbischen Synonyme nach wie vor dazu, die Vielfalt der südwestdeutschen Sprachlandschaft zu dokumentieren. So zeigen die diversen Sprachatlanten, dass sich *Grombire, Erdäpfel, Erdbire* und *Bodebire* abwechseln. Für den alemannischen Raum hat Konrad Kunze festgestellt, dass in vielen katholischen Gebieten *(H)ärdepfel* und in vielen evangelischen Gegenden die *Grumbiire* bevorzugt wird.

Bevor die Kartoffel in Deutschland kultiviert wurde, hatte sie bereits in Italien und Spanien Fuß gefasst. Dort wurde die Knollenfrucht wegen ihrer Ähnlichkeit mit dem Trüffel (italienisch *tartufo*) je nach Region *tartufoli* oder *tartufol* genannt. Daraus wurde im Deutschen *Tartuffel* und schließlich *Kartoffel*.

Daneben aber schossen nicht nur im Schwäbischen, sondern überall in Deutschland die unterschiedlichsten Bezeichnungen für dieses neue, aus Amerika importierte Grundnahrungsmittel ins Kraut – teils rein deutsche wie eben *Grundbirne, Erdbirne, Erdapfel, Bodenbirne*, teils Mischformen wie *Erdtrüffel*. Die *Erd-*

äpfel gerieten im alemannischen Gebiet zu *Herdäpfeln*, da sie wohl mit dem Herd, in dem man sie weich kriegte, in Verbindung gebracht worden waren.

Der Begriff *Erdapfel* hatte allerdings schon vor der Einführung der *Kartoffel* bestanden. Bis dahin hatte er eine Gurken- oder Melonenart bezeichnet. Auch in Frankreich wurde das Bild des Apfels, der aus der Erde wächst, auf die *Kartoffel* übertragen: *pomme de terre* heißt wortwörtlich *Erdapfel*. Die französischen *pommes* haben wiederum im Schwäbischen ihre Spuren hinterlassen, nämlich im Wort *Bumsa*. So nennt man nördlich von Neuburg an der Donau die Kartoffeln, auch wenn manche das missverstehen.

Umgekehrt hat die *Grombir* die Grenze nach Frankreich überschritten, wo sie zur *crampire* mutierte. Schließlich fuhr die *Grombir* mit den Auswanderern donauabwärts. Schlagen wir im Serbokroatisch-Wörterbuch nach, was *Kartoffel* heißt, stoßen wir auf das vertraut klingende Wort *krumpir*. Noch traulicher mutet die ungarische Bezeichnung für *Kartoffel* an: *krumpli*. Möglicherweise wird sich die *Grombir* in der ehemaligen schwäbischen Türkei länger halten als im schwäbischen Mutterland. Immerhin heißt dort Kartoffelbrei *krumplipüré*.

Klein, aber fein

Manche Zutat, die isoliert recht einsilbig wirkt, verleiht dem Schwäbischen seine Würze

Wenn's gaû Zeit wird

Jetzt wird's aber gaû *Zeit! Welche Bewandtnis hat es eigentlich mit diesem merkwürdigen genäselten* gaû, *das in anderen Regionen Schwabens als* geh *gesprochen wird?*

Normalerweise wird *gaû* oder *geh* gebraucht »im Sinne des Bevorstehens, Sich-Anschickens«, sagt Hermann Fischers Schwäbisches Wörterbuch, das als Übersetzungen anbietet »jetzt, allmählich, demnächst, nachgerade« und als Beispiel aufführt: »Er wird *gaû* sterbe.« Doch es folgen noch weitere, weniger traurige Exempel: »Es kommt *gaû* zum Regna« oder »I will *gaû* gaû.«

Das letzte Beispiel lässt ahnen, woher dieses kurze Adverb kommt: vom Verbum *gehen*. Und wer sich ein wenig in Fremdsprachen auskennt, wird sofort Parallelen etwa zum französischen »Je *vais* aller« oder zum spanischen »Yo *voy* a ir« erkennen, was beides wörtlich übersetzt »Ich *geh'* gehen« und sinngemäß übersetzt »Ich *werde* gehen« bzw. »Ich geh' *jetzt dann*« oder eben »i will *gaû* gaû« heißt.

Dass *gehen* in seiner Grundform mit anderen Zeitwörtern verknüpft wird, ist uns durchaus vertraut von Kombinationen wie »essen *gehen*«, »schlafen *gehen*«, »spazieren *gehen*«, »betteln *gehen*«. Nur hat man schon vor Jahrhunderten die Reihenfolge umgedreht und anstatt »Ich will essen *gehen*« gesagt »Ich will *gehen* essen«. Hier ist einzuwenden, dass, wenn ein Schwabe sagt »I gang *ge* esse« zwar das *I gang* von gehen kommt, nicht aber das *ge*. Das hat sich in diesem Fall aus *gegen* entwickelt, und zwar aus dessen Bedeutung »zu, nach« im Sinne einer zielgerichteten Bewegung. Dieses *ge* entspricht somit dem etwas altertümlich klingenden *gen*: Ich gehe *gen* Stuttgart. Oder: I gang *ge* Schtuegert. Wenn jemand *ge* Esse gåht, dann geht er *zum* Essen. Und wenn er *gaû ge* Esse gåht, dann bricht er *allmählich zum* Essen auf.

Lassen wir das *ge*(gen) auf sich beruhen und kehren wir zurück zu *gehen* im Sinne einer Absichtserklärung. Dieses büßte allmählich seinen Charakter als Verb ein und verwandelte sich in ein Adverb, ein Umstandswort, das bei einem Verb steht, das etwa auch *gehen* lauten kann. Und so kam es zum »I will *gaû* gaû« oder »I will *geh* geh«.

So lange dieses *gaû* oder *geh* vor einem Verb steht, ist seine ursprüngliche Bedeutung des Gehens noch irgendwie zu spüren. Doch es hat sich weiterentwickelt zur schieren Partikel, die sich nicht mehr auf ein Verb beziehen muss, etwa wenn jemand feststellt: »Der Fernseher isch *gaû* hêê!«, was in etwa bedeutet: »Das Fernsehgerät wird *demnächst* den Geist aufgeben.«

Eine ähnliche Entwicklung hat übrigens im Schwäbischen auch das Verb *anfangen* genommen, das zunächst vor einem anderen Zeitwort stand: Ich werd' *anfangen* (zu) arbeiten. Dann aber hat es sich verselbstständigt: Es wird *anfangen* Nacht. Er wird *anfangen* frech.

Aber jetzt wird's *gaû anfangen* Zeit zum Aufhören.

Gell?!

Gell?! *Dieser fragende Ausruf, der nicht immer eine Antwort, jedoch meist ein Signal der Zustimmung heischt, wäre mit »Nicht wahr?« nur unzureichend übersetzt.*

Der Mensch, auch der schwäbische, sehnt sich nach Harmonie, nach Aufmerksamkeit, nach Zu- und Übereinstimmung. Der subjektive Grad dieses Grundbedürfnisses offenbart sich oft in der Häufigkeit, mit der das Wörtchen *gell* verwendet wird. Manche Zeitgenossen und -genossinnen mengen es ihrem Redefluss in einer Frequenz bei, welche die Geduld der Gesprächspartner auf eine harte Probe stellt. In solchen Monologen, wo *gell* praktisch nach jedem Schnaufer auftaucht, ist es nicht nur eine lästige Angewohnheit, sondern mag auch der Kontrolle dienen, ob das Gegenüber überhaupt (noch) zuhört.

Doch hält die Mundart jenen, die sich darüber hinaus der ausdrücklichen Zustimmung zu ihren Ausführungen versichern wollen, eine impertinentere Form bereit, nämlich *gelletse?*, was frei übersetzt bedeutet: »Sie sind doch gewiss auch meiner Meinung!?« In Gegenden, wo man die Leute statt mit Sie noch mit Ihr anredet, heißt es *gellet?*

Gell bietet zusätzliche Anwendungsmöglichkeiten. So eignet es sich zum Drohen: *Gell,* bass fei blooß auf! Man kann seiner Schadenfreude Ausdruck verleihen: *Gell,* des håsch jetz drvoo! Und es ist unerlässlich für die schwäbische Art, seinen Triumph auszukosten: *Gell,* då glotsch! Schließlich bestätigt man damit nicht nur sich selber, sondern auch den anderen: *Gell,* des sag i au.

Natürlich ist *gell* keine schwäbische Erfindung. Doch Schwäbisch ist eine der Mundarten, in denen *gell* seine volle Geltung bewahrt hat, während es in der Hochsprache, wie das Grimm'sche Wörterbuch feststellt, »für niedrig erklärt«, für vulgär erachtet oder von volkstümelnden Schriftstellern missbraucht wurde. Die Bedeutungsvielfalt des Ausrufs *gell* oder *gelt* erklärt sich aus seiner Herkunft vom Verbum *gelten*, genauer gesagt von dessen Konjunktiv *es gelte* oder – noch genauer – von dessen Frageform *gelte es? Gell/gelt* ist uralt. Grimm führt für *gelt* Belege aus dem 14. Jahrhundert an, geht aber davon aus, dass diese »Interjection zur Verstärkung einer Behauptung oder Frage« schon damals sehr alt gewesen sein muss.

Doch was soll denn bitte verstärkend daran sein, wenn man einer Behauptung oder Frage ein solches *gelte es?* vor- oder hintanstellt? Die Erklärung liegt in der heute noch gängigen Frage: *Gilt* die Wette? Tatsächlich ist ein Text aus dem 15. Jahrhundert erhalten, in dem es heißt: »Nu *gelt* ainen pater noster, mein haus sei sterker denn das dein.« Sinngemäß: Wetten wir ein Vaterunser, dass mein Haus fester ist als deines?

Diesem Wett-Angebot verdankt *gell* seine zunächst herausfordernde Bedeutung, die schließlich von der bekräftigenden, Zustimmung heischenden überlagert wurde. Klingt doch plausibel. *Gell?!*

Vom un zum ooz

Ein Phänomen, das jedoch auf den Osten Württembergs beschränkt zu sein scheint, ist die Vorsilbe ooz-. *Hier ist der Depp ein* Oozdepp, *und alles, was gut ist, ist* oozgeil.

Ooz- ist ein Superlativ, im Guten wie im Schlechten. Diese Vorsilbe ist *ooz*praktisch, erlaubt sie doch mit geringstem verbalen Aufwand sowohl Schimpfwörter zu potenzieren wie auch Anerkennung und Bewunderung ins schier Unermessliche zu steigern. So kann ein *Oozseggl* eine *ooznette* Frau haben, was wiederum das Umfeld, zumindest das männliche, *ooz fruschtriert*.

Es scheint sich bei diesem *Ooz-* um eine regionale Besonderheit des östlichen Landesteils zu handeln. Wie nicht repräsentative Befragungen ergeben, ist es von Ulm bis Aalen gebräuchlich, während man es in Oberschwaben nicht mehr zu kennen scheint. Das Phänomenale an der Power-Silbe *ooz-* ist, dass sie, obwohl eindeutig der Mundart entsprungen, auch von – vorwiegend jungen – Leuten gebraucht wird, die keine Mundart sprechen.

Vor allem die Jugend der *Ooz*-Region weiß *ooz- oozmäßig* zu schätzen. Ihr Lieblingslob lautet *oozgeil*, was ein Non-plus-ultra ausdrückt, das keine Steigerung zulässt. Die Elterngeneration sagte anstatt *oozgeil* noch *oozkähl*. Doch die Ablösung von *kähl* durch *geil* ist ein anderes Thema.

Ooz- kann nicht nur mit Haupt- und Eigenschaftswörtern kombiniert werden, sondern auch mit Verben: »Dem sei *oozdomms* G'schwätz håt me *ooz aufg'regt*.« In diesem Fall dient die Häufigkeit der verwendeten *ooz-* auch als Gradmesser des Erregungszustandes.

Man kann *ooz-* bis zu einem gewissen Grad mit neuschwäbisch *subber* übersetzen: *Subber*seggl, *subber*nett, *subber* aufg'regt. Aber im Gegensatz zu dieser internationalen Allerwelts-

Vokabel kann *ooz-* nicht alleine stehen: »Des isch *ooz*«, geht auf keinen Fall.

Woher kommt diese Partikel? Hier stoßen wir auf das nächste Phänomen: *Ooz-* ist in keinem Lexikon vermerkt, auch nicht in Fischers Schwäbischem Wörterbuch. Das deutet darauf hin, dass es noch ziemlich jung ist. Mit hoher Wahrscheinlichkeit stammt es von der Vorsilbe *un-* ab, die neben ihrer verneinenden auch eine verstärkende Funktion hat: Ein *Un*trumm ist ein riesiges Trumm: ein *Ooz*trumm. Allerdings wird das *Un-* im Schwäbischen nasaliert: Statt *Un*trumm sagt man *Û-* oder *Ôô*trumm.

Nicht nur im Schwäbischen dient *un-* als Intensivum mit verstärkender Bedeutung. Doch haben die Schwaben es geschafft, das *un* (*û, ôô*) von der Vorsilbe zur selbstständigen Vokabel zu emanzipieren. Fischer zitiert als Beispiel: »I haû müesse *û* springe.« Genauso gut könnte es heißen »*ooz* springe«.

Mithin sind *un* und *ooz* austauschbar. Das -z mag als »Gleitmittel« hinzugefügt worden sein wie das *-s-* im »Friedhofsamt«. In jedem Fall schafft es klare Verhältnisse, indem es Missverständnissen vorbeugt. Schließlich ist *oozcool* etwas völlig anderes als *uncool*.

Ha no!

Eine beliebte schwäbische Multifunktionsformel lautet Ha no! *Man kann mit ihr gleichermaßen Erstaunen, Empörung, Ungeduld oder Zustimmung ausdrücken.*

Wo der Nichtschwabe wortreich poltert »Das wäre ja noch mal schöner!«, genügt dem Schwaben ein bedrohlich grollendes *Ha no!* Wo die Nichtschwäbin ihr maßloses Erstaunen in die falsche Versprechung fasst: »Jetzt bin ich aber wirklich sprachlos!«, belässt es die Schwäbin beim *Ha no!?* Wo die Nichtschwaben sagen: »Jetzt wird's mir aber allmählich zu bunt!!«, drohen die Schwaben *Ha no!!* Und wo der Nichtschwabe säuselt: »Aber ich bitte Sie, das ist doch wirklich nicht der Rede wert«, bemerkt der Schwabe trocken: *Ha no*.

Ha no besteht aus zwei Teilen. Das *ha* ist laut Fischers Schwäbischem Wörterbuch eine »stets unbetonte proklitische Partikel, als Ausruf des Staunens, Schreckens, der Entrüstung und dergleichen einen Satz oder eine interjectionelle Wendung einleitend«. *Ha no!*

Der zweite Teil, das *no*, ist das schriftdeutsche *nun*, das im Althochdeutschen *nu* oder – wie heute noch im Schwäbischen – *no* lautete. Es wurde erst im 13. Jahrhundert zu *nun* erweitert. Dieses Adverb ist uralt, bedeutete bereits im Indogermanischen »jetzt«, hieß in der Sprache der alten Hethiter, die im zweiten Jahrtausend vor Christus in Vorderasien ein Großreich bildeten, ebenfalls *nu*, ebenso bei den alten Indern, während die alten Griechen neben ihrem *ny* auch noch die Form *nyn* kannten. Das konnte eine ähnliche Bedeutung haben wie das schwäbische *ha no*, nämlich »natürlich!, ja, ja doch!«

Der Mundartforscher Dieter Herz hat 1997 auf der 12. Arbeitstagung der alemannischen Dialektologen in Ellwangen auf die

Gemeinsamkeiten des schwäbischen *Ha no!* mit dem sächsischen *Nu nu!* hingewiesen – aber auch auf die Unterschiede. So dient das sächsische *Nu* in einfacher oder wiederholter Form (*nu nu*) als Ersatz für das schlichte »Ja«, wofür *ha no* definitiv nicht zur Verfügung steht.

Fischer bietet für *ha no* die Erklärung: »›je nun‹, aber schärfer als dieses; ›nun, was soll das heißen‹ oder ähnlich.« Der Sprachforscher und Pädagoge Josef Karlmann Brechenmacher spürte in *ha no*, wo es alleine steht, »ärgerliche Erwartung«; wo es jedoch einen Satz einleite, diene es zur Bekräftigung.

Brechenmacher weist dem *ha* die Rolle des »Faulenzers« an der Spitze eines Satzes zu, dessen sich »sprachlich weniger gewandte Leute« gerne bedienten. In der Tat verschafft dieses *Ha* dem Sprechenden eine gewisse Pause zum Nachdenken: »Warum lachst du so dumm?« – »*Ha*, i lach doch immer so.«

Weitere Verbindungen mit *ha* sind *ha ja!*, *ha noi!*, *ha freilich!* und schließlich *ha was!*, welches oft zu *a wa!* verkümmert ist. Dieses *(h)awa* deutet Unwille oder Zweifel an. Es darf als Aufforderung verstanden werden, das Maul zu halten, und duldet keine Widerrede – allenfalls ein schüchternes *Ha no?!*

I gib nix

Was der Schwabe tut und lässt

Die Mundart verfügt über
höchst eigenwillige und ausdrucksstarke Verben

Keien: eine brutale Geschichte

Die Schwaben werfen nichts weg: Sie keien *weg. Wen sie nicht leiden können,* keien *sie naus, und wenn sie die Nase voll haben,* keien *sie den Bettel nââ.*

Keien ist eines der Lieblingsverben des Schwaben. Sie *keien* in einem fort naa, nââ, naus, fut oder weg, manchmal *keit* es sie selber nââ – wenn sie Pech haben in den Dreck. Sie *keien* lieber als sie *schmeißen*, es ist kerniger, entschiedener, prägnanter. Wie anders klingt doch »I han's *futkeit*« im Vergleich zum sanften »I han's *wegg'schmissa*«.

Statt »kerniger, entschiedener, prägnanter« muss man eigentlich sagen »gewalttätiger«. Denn *keien* ist von seiner Geschichte her ein ausgesprochen brutales und darüber hinaus derart unanständiges Wort, dass jeder wohlerzogene Schwabe – und der fromme gleich zweimal – schamrot werden müsste, wenn er es in den Mund nimmt. Und darum hat der Sprachkundler und Pädagoge Josef Karlmann Brechenmacher festgestellt, »dass die Etymologie dieses Wortes sich in der Schule nicht behandeln lässt«.

Man müsste es eigentlich *g'heien* schreiben. Dann würde die ursprüngliche Form dieses Zeitworts offensichtlich, die *geheien* hieß und im Deutschen Wörterbuch der Brüder Grimm immerhin zehn Spalten füllt. »Ein altes Wort«, heißt es da, »mit überaus merkwürdiger Geschichte, ... theilweis unerquicklich bis ins ekelhaft Abscheuliche, aber tief eingewachsen in die Sprache, und auch wieder zum Harmlosen zurückgekehrt.«

Um die Abscheulichkeit des Wortes zu erklären, haben sich sowohl Grimm wie Brechenmacher lateinischer Vokabeln bedient: *coire, stuprare, futuere*, für die das Lexikon die Übersetzungen »sich paaren«, »schänden« und »huren, beschlafen« anbietet. Man wird das alles am treffendsten in dem neuerdings druckfähigen Verbum »ficken« zusammenfassen. Damit ist auch das Schimpfwort *Kuhgeheyer* erklärt, mit dem die Schwaben 1499 im Schweizerkrieg die feindlichen Eidgenossen beleidigt haben.

Die Wurzel *-hei-* ist in *g'heien* dieselbe wie in *heiraten*. Sie wird abgeleitet von einem indogermanischen *kei-*, das »liegen« bedeutet. Das althochdeutsche *hiwan* bedeutete noch »heiraten« im züchtigen Sinne. Im Mittelhochdeutschen übernahm das Verb *hiraten* die Bedeutung des Eheschließens. Das damit frei gewordene *hiwen*, neben das noch ein *gehiwen* getreten war, geriet von da an auf die schiefe Bahn.

»Etwa vom 14. Jahrhundert an ist dieses *hiwen*, *gehiwen* eines der ärgsten Flegelworte unserer Sprache, von Schriftstellern und Dichtern wie von Lexikographen gemieden«, bedauert Brechenmacher. Es nahm gewalttätigen Charakter an, bezeichnete in roher Weise sexuelle Misshandlungen, etwa die Vergewaltigung, woher das Wort seine Bedeutung von »auf den Boden werfen« bezog.

Übrig geblieben ist heute nur noch das Werfen – aber, wie schon bemerkt, ein sehr entschiedenes.

Wo man trielt statt sabbert

Ein Schwabe sabbert nicht, er trielt. *Im Schwabenland gibt es weder den Lahmarsch noch die Transuse, sondern den* Trieler, *der jedoch noch weitere Facetten bietet.*

In den Siebzigerjahren kursierte unter den Wehrpflichtigen die Geschichte von dem jungen Mann, der sich erfolgreich dem Militärdienst entzogen hatte, indem er während der Musterung einfach nicht mehr schluckte. Er verhielt sich ansonsten ganz normal, beantwortete alle Fragen nach bestem Wissen und Gewissen, nur: Der Speichel troff ihm dabei aus dem Mund. Er *trielte*. Wenn diese Geschichte nicht wahr ist, dann ist sie gut erfunden, denn sie spielt an auf die Urangst des Militärs vor der wehrkraftzersetzenden Wirkung eines *Trielers*.

Die volle Dimension dieses Wortes entnehmen wir Fischers Schwäbischem Wörterbuch. Demnach ist ein *Trieler*, »wer Speichel und dergleichen aus dem Munde fließen lässt, das Essen verschüttet u. ä.; unflätiger unreinlicher Mensch; langweiliger dummer Mensch; wer immer klagt; schlaffer, unentschlossener Mensch; widriger zänkischer Mensch; wer ein leeres, kopfloses Geschwätz führt; unartiger kleiner Knabe; naseweiser junger Kerl; läppischer dummer Erwachsener; der sich kindisch beträgt; Feigling; unpraktischer Mensch«.

Trieler kommt von *trielen*. Das bedeutet laut Fischer: »Speichel, Geifer, flüssige Speisen oder Getränke aus dem Munde (*Triel*) fließen lassen, besonders von Kindern und zahnlosen Alten; solche auf dem Weg zum Munde verschütten; sonst etwas tropfenweise, in kleinen Mengen verschütten.«

Hier ist das mittlerweile nicht mehr geläufige Substantiv *Triel* erwähnt, von dem sowohl *trielen* wie *Trieler* herrühren. Grimms Wörterbuch übersetzt es mit »Schnauze, Mund, Lippe, Wamme«.

Fischer präzisiert: »herabhängende Unterlippe«. Und Grimm wiederum stellt fest: »In der Schriftsprache ist das Wort seit dem Mittelhochdeutschen dürftig belegt, die oberdeutschen Mundarten haben es hingegen lebendig bewahrt.«

In der Tat wird hierzulande noch munter *getrielt*: das Eigelb auf die Krawatte und die Suppe auf die frisch gewaschenen Jeans. Der unkontrollierte Speichelfluss scheint hingegen nachgelassen zu haben, seit der Zahnersatz samt dazugehörigem Haftpulver Eingang in weitere Kreise der Bevölkerung gefunden hat. Zahnende Kleinkinder jedoch *trielen* unvermindert heftig. Um die Folgen, vor allem nach Genuss spinathaltiger Kindernahrung, zu lindern, hängt man ihnen gerne einen *Trieler* oder Latz um, womit dieses eingangs als Schmähwort behandelte Substantiv eine weitere, praktische Komponente aufweist.

Zwei weitere Hauptwörter sind von *trielen* abgeleitet: die *Trielerei* und die *Trielete*. Die *Trielete* ist das sichtbare Ergebnis der *Trielerei*. Wer gerne *trielt* – vor allem im übertragenen Sinne – ist *trielig*. Und wer seine Ausführungen nicht rechtzeitig abschließt, setzt sich dem Vorwurf des *Herumtrielens* aus.

Genottelt, nicht gerüttelt

»Nottel *net so!« Diesen Befehl hört und versteht man nur im Schwäbischen. Das* Notteln *begleitet den Schwaben von der Wiege bis ins Alter, wenn er* nottelig *wird.*

Bereits als Kind beginnt der Schwabe zu *notteln*. Er steht in seinem Laufstall, die Hände an den Stangen, die ihm den Weg in die Freiheit versperren, und *nottelt* so lange daran, bis er heraus darf oder eins auf die Finger kriegt.

Auf Hochdeutsch würde man vielleicht »rütteln« sagen, aber es ist nicht dasselbe. Ein Schwabe rüttelt nicht, denn das wäre ihm viel zu aufgeregt. Er *nottelt* lieber. Umgekehrt wäre es falsch, beispielsweise zu formulieren: »Bei einer Gefangenenrevolte im Hochsicherheitstrakt von Alcatraz *nottelten* hunderte von Häftlingen an ihren Zellentüren.« Eine solche Revolte wäre allenfalls deswegen erfolgreich, weil sich die Wärter angesichts *nottelnder* Schwerverbrecher totlachen würden.

Beim *Notteln* fehlt also die Verbissenheit, die beim Rütteln nicht selten mitschwingt. Deswegen – wenn wir schon gerade beim Beißen sind – rüttelt man nicht an seinem wackeligen Zahn, sondern man *nottelt* daran. Und wenn ein sparsamer Schwabe einen rostigen Nagel so aus seinem Untergrund entfernen will, dass er nicht verbiegt und mindestens noch ein weiteres Mal verwendet werden kann, dann *nottelt* er so lange daran, bis er sich löst. Fischer übersetzt daher *an etwas notteln* völlig zu Recht mit »es rasch, aber nicht heftig hin und her bewegen«.

Man kann jedoch nicht nur *an etwas* notteln, sondern ebenso gut *etwas* oder *jemanden* notteln. Sagt ein Schwabe über einen anderen, den müsse man einmal kräftig *nottle*, dann beabsichtigt er keine Körperverletzung, sondern die mechanische Auslösung eines Denkvorganges mit dem Ziel einer Verhaltensänderung.

Warum gibt es dieses vortreffliche Verbum nur im Schwäbischen? Die Frage ist wohl nicht zu beantworten. Allerdings ist festzuhalten, dass das Mittelhochdeutsche ein Zeitwort kannte, das *notten* hieß und »hin- und herbewegen« bedeutete.

Notteln ist nichts anderes als ein so genannter Iterativ, eine Erweiterungsbildung zu *notten*. Iterative sind beispielsweise *tröpfeln* (zu tropfen), *brummeln* (zu brummen) oder *hüsteln* (zu husten). Sie sollen entweder das jeweilige Verb relativieren, ein »klein wenig« ausdrücken oder aber, wie im Fall von *notten / notteln*, eine Wiederholung.

Das heißt, *notteln* bedeutet »etwas oder jemanden wiederholt hin- und herbewegen«. Und so erschließt sich auch der tiefere Sinn jener Worte, die ein über 70-jähriger Ulmer Bäckermeister geäußert hat, nachdem er gerade Vater eines gesunden Buben geworden war. Er gestand seinen Freunden: »I mueß me grad selber wundre, wiene den no neig*'nottlet* han.«

Das konnte er eben nur, weil er, obschon recht betagt, noch nicht *nottelig* war.

Vom Hausen und Aufhausen

Das Schlimmste, was man über eine schwäbische Hausfrau sagen kann, ist, sie sei aufhausig. *Das grenzt an Sünde und gilt als sicheres Vorzeichen baldigen Ruins.*

Wer sein Brot nicht mit Wurst *oder* Käse, sondern mit Wurst *und* Käse belegt, wer zu den Spargeln auch noch Schinken benötigt und die Sonderangebote systematisch ignoriert, gilt als *aufhausig*. Das doppelte *au* in diesem Wort klingt wie ein Unheil verkündender Warnruf. Wer *aufhausig* ist, vertut sein Sach und wird zwangsläufig früher oder später vor der Suppenküche der Heilsarmee Schlange stehen!

Das Wort *aufhausig* gibt es im Hochdeutschen ebenso wenig wie das bedeutungsgleiche *aushausig*, welches heutzutage allerdings auch viele Schwaben mit *aushäusig* verwechseln. Das aber ist etwas anderes: Wer außer Haus ist, ist *aushäusig*. *Aushausig* hingegen kommt von *aushausen*. Das übersetzt Fischers Schwäbisches Wörterbuch als »übel wirtschaften, sein Vermögen durchbringen«, was fast dasselbe ist wie *aufhausen* (»sein Vermögen durch üppiges Leben durchbringen«), wovon *aufhausig* abgeleitet ist. In beiden Komposita steckt das Grundverb *hausen*. Das hat im Schwäbischen mehrere, teilweise widersprüchliche Bedeutungen. So heißt *hausen* sowohl »gut wirtschaften« wie auch »schlimm wirtschaften«. Eine gute *Hausere* ist eine, die mit dem Cent zu *hausen* weiß. Wer aber *haust*, dass dem Teufel graust, hat, wie ein altes Sprichwort sagt, »bald *aufg'hauset*, nao ischt's *ausg'hauset*«.

Nun könnte man *aufhausig* ganz einfach mit »verschwenderisch« übersetzen. Damit wäre allerdings nicht die volle Bedeutung des Wortes erfasst. Denn dem Eigenschaftswort »verschwenden« fehlt der Vorwurf, der in *aufhausig* zwingend mitschwingt.

Und damit gelangen wir zum »Nationalcharakter« der Schwaben, genauer gesagt der Württemberger, der allerdings nicht genetisch bedingt ist, sondern über Generationen hinweg durch obrigkeitliche Einwirkung geformt bzw. deformiert worden ist.

Das lässt sich an einer weiteren Wortschöpfung aus dem Verbum *hausen* veranschaulichen: dem *Übelhauser*. Der war im Württemberg des ausgehenden 18. Jahrhunderts der Staatsfeind Nr. 1, sofern er nicht dem Adel angehörte, sondern jenen, mit deren Geld der Adel *hauste*. Daher erließ Herzog Carl Eugen anno 1781 ein Generalrescript gegen die *Übelhauser*, also gegen Missmanagement in Haus und Hof. Denunzianten erhielten ein Drittel der fälligen Geldstrafe. Dem *Übelhauser* aber, sofern er jünger als 40 Jahre war, konnten die Enteignung und der Militärdienst drohen.

In diesem Umfeld, wo Sparsamkeit zur Kardinaltugend und Denunziantentum zur Erwerbsquelle gedieh, musste der Vorwurf, *aufhausig* zu sein, als existenzbedrohend gefürchtet und unbedingt vermieden werden. Deswegen zuckt die schwäbische Hausfrau heute noch zusammen, wenn sie das Wort *aufhausig* hört.

No net hudle!

Ihre sprichwörtliche Gründlichkeit haben die Schwaben in einer kurzen und prägnanten Maxime zusammengefasst: No net hudle! *Was heißt das eigentlich?*

Die Empfehlung *No net hudle!* zu übersetzen mit dem auf den ersten Blick sinnverwandt anmutenden »Eile mit Weile«, wäre krottenfalsch. Jenes »Eile mit Weile« führte in seiner lateinischen Version »festina lente« schon Kaiser Augustus häufig im Munde, und auch die Griechen handelten gerne nach dem gleichbedeutenden Grundsatz »speude bradeos«. Als Sklavenhalter, die andere für sich schaffen ließen und selber den ganzen Tag auf dem Marktplatz oder im Zirkus herumlungerten, konnten die Griechen und Römer sich tatsächlich eine bis zur Untätigkeit reichende Gemächlichkeit erlauben.

Nicht so die Schwaben. Ob der Not gehorchend oder dem eigenen Triebe oder einem aus der Not geborenen Trieb oder, um einen im Notstand befindlichen Trieb zu überlisten – oder vielleicht auch nur, um ein hartnäckiges Klischee zu bedienen: Sie schaffen. Und wenn sie schaffen, dann schaffen sie gründlich, so, dass das Produkt möglichst lange »hebt«. Die Haltbarkeit wäre aber gefährdet, wenn der Produzent anfinge zu *hudle*, das heißt, schlampig zu arbeiten. Überdies lässt sich ein *nâĝ'hudlets* Produkt schlechter verkaufen als ein »sauber g'schaffts«, weswegen selbst der profitorientierteste schwäbische Unternehmer seinen Mitarbeitern empfehlen wird, nicht zu *hudle*. Hingegen käme es weder ihm noch einem schwäbischen Gewerkschafter jemals in den Sinn, das arbeitende Volk aufzufordern, mit Weile zu eilen.

Was heißt *hudle* eigentlich? Das Zeitwort stammt vom Hauptwort *Hudel*. Und das bedeutet in erster Linie »Lumpen, Lappen«. Im Schwäbischen ist *Hudel* oder *Hudelwisch* darüber hinaus der an einer Stange befestigte Lumpen, mit dem der Bäcker die glühend heiße Asche des Holzfeuers aus dem Ofen wischt, das diesen aufgeheizt hat. Dies muss sehr schnell geschehen, was zur Vermutung führte, dadurch habe *hudle* den Sinn eines hurtigen, oberflächlichen Tuns erhalten.

Die einschlägigen Wörterbücher bestätigen diese Annahme jedoch nicht. Grimm leitet *hudeln* aus einer anderen Bedeutung von *Hudel* ab, nämlich »Schimpfwort für einen nichtswerten Menschen«. Das Verb *hudeln* bedeutet demzufolge »wie ein nichtswerter Mensch verfahren«, und auch Fischer vermutet in seinem Schwäbischen Wörterbuch einen Zusammenhang mit *Hudel* im Sinne von »Lump, Taugenichts, verkommener Mensch«.

Nun einfach zu behaupten, die eine oder die andere Herleitung sei richtig, wäre *hudelig* und soll daher unterbleiben. Stattdessen sei noch ein ziemlich heißer Spruch mitgeteilt, den Fischer in seinem Wörterbuch überliefert hat (Tierfreunde mögen die Lektüre zuvor abbrechen): »'s isch älles a G'wohnheit, hat dr Bäcker g'sait und hat d' Katz zum *Hudle* g'nomme.«

Vom Hocken und Verhocken

Der Schwabe sitzt nicht: er hockt. *Wenn er zu gut* hockt, *dann* verhockt *er bisweilen. Ist er allerdings zu lange am selben Fleck* hocken *geblieben, gilt er als* verhockt.

Das Zeitwort *hocken* ist geeignet, Missstimmungen zwischen Schwaben und Nicht-Schwaben auszulösen. So wird ein Nicht-Schwabe die Aufforderung »*Hock* nââ!« als eine rüde Zumutung empfinden, während sie ein Schwabe so auffasst, wie sie gemeint ist: als freundliche Einladung. Denn *hocken* ist für Schwaben etwas Gemütliches, für Nichtschwaben etwas Ungemütliches.

Das Deutsche Wörterbuch der Brüder Grimm definiert *hocken* erstens »in gebückter Stellung, zusammengekrümmt weilen, Kauern von Menschen und Tieren« und zweitens »sitzen mit der Nebenvorstellung des Unbequemen«. Im Schwäbischen dagegen ist *hocken* zunächst gleichbedeutend mit *sitzen* »ohne jede Nebenbedeutung«, wie das Schwäbische Wörterbuch anmerkt. Es folgt der Hinweis »Öfters aber hat es die Nebenbedeutung des Faulen oder des allzu dauerhaften Sitzens oder ist überhaupt derberer Ausdruck.«

Da der Schwabe per definitionem nicht faul, sondern schaffig ist, muss es das Dauerhafte sein, was dem Verb *hocken* im Schwäbischen jenen wohligen Beigeschmack verleiht und die Einladung »*Hock* nââ!« zur Bitte werden lässt, nicht gleich wieder aufzustehen. Der Ausdruck der Dauerhaftigkeit kann verstärkt werden durch die Vorsilbe *ver-*: Wer ohne Rücksicht auf die Sperrstunde im Wirtshaus oder Biergarten ausharrt, wird am folgenden Tag einräumen: »Geschtern bin e *verhockt*.«

Eine völlig andere Qualität nimmt *verhockt* an, wenn es als Eigenschaftswort verwendet wird: »Der isch total *verhockt*«, deutet auf einen gravierenden Mangel an Flexibilität. Früher mochte ein

Mangel an Mobilität diese geistige Vereinödung nach sich gezogen haben. Das muss heute so nicht mehr gelten. Schließlich schützt auch der Jahresurlaub auf Mallorca nicht vor der Gefahr des *Verhockt*seins.

Warum *hockt* der Schwabe lieber als er sitzt? Die Ursprungsbedeutung von *hocken* ist »sich krümmen«. Das tut man beim Sitzen vor allem dann, wenn die Sitzgelegenheit keine Rückenlehne hat. Das ist etwa bei einem *Hocker* der Fall, der infolge dieser Minderausstattung weniger kostet als ein Stuhl. Doch wäre es sicher eine böswillige Unterstellung, die Vorliebe des Schwaben für das *Hocken* mit Sparsamkeit oder Geiz zu begründen. Wenden wir es positiv: Wer *hockt*, hat Rückgrat, was bei jemandem, der sich bequem zurücklehnt, nicht notwendig vorauszusetzen ist.

Schließlich sei der gruppendynamische Aspekt nicht vergessen: Beim gemeinsamen *Hocken* auf den so genannten *Hocketen* (fälschlich auch *Hocketsen* genannt), kommt man sich dank der nach vorn gekrümmten Haltung über die Biertische hinweg näher, was mitunter dazu führt, dass man *verhockt* und dass der Schwabe am Ende einen *hocken* hat.

Aus Schwabens Schmähvokabular

Im Lande der Bruddler wird gerne und qualifiziert geschumpfen

Daub oder dosohret?

Es könnte bisweilen der Eindruck entstehen, dass ein Gehörschaden bei den Schwaben als besonders verwerflich gilt, denn daub *ist ein beliebtes Schimpfwort.*

Allen, die kein Schwäbisch verstehen, muss die Schmähung »Du *dauber* Siech!« in höchstem Maße politisch unkorrekt und behindertenfeindlich erscheinen. Das Adjektiv *daub* wird gerne benutzt, wenn es gilt, ein Schimpfwort zu verstärken beziehungsweise ein Wort erst in ein Schimpfwort zu verwandeln. So würde jemand, der als »Du Nuss!« bezeichnet wird, allenfalls erstaunt reagieren, während er/sie bei »Du *daube* Nuss!« sofort erkennt: Hier wurde soeben eine Beleidigung vollzogen.

Ebenso verhält es sich mit dem *Siech*. »Du *Siech*!« ohne weiteres Attribut klingt zwar merkwürdig, lässt auch ahnen, dass es sich hier nicht um eine Sympathiekundgebung handelt. Doch erst durch Hinzufügen des Prädikats *daub* wird *Siech* zur Beschimpfung.

Wie kommt es, dass gerade das harmlos erscheinende Wort *daub/taub* diesen qualitativen Sprung bewirkt? Schließlich bedeutet *taub* nach heutigem Sprachgebrauch »gehörlos«. Liegt hier etwa eine Diskriminierung Hörgeschädigter vor?

Dazu ist zunächst festzustellen, dass jemand, der schlecht oder gar nicht hört, im Schwäbischen als *dosohrig* oder *dosohret* bezeichnet wird. Das *dos-* geht auf *dosen* im Sinne von *dösen* zurück und mag, wie das Schwäbische Wörterbuch anmerkt, auch von *tosen* beeinflusst sein, womit ein Rauschen im Ohr beschrieben wäre. In jedem Falle aber ist *dosohret* kein Schimpfwort, sondern eine Zustandsbeschreibung.

Dass es sich mit *daub* anders verhält, können wir schon an dem Umstand erkennen, dass es auf niederdeutsch *doof* heißt.

Und tatsächlich finden wir bei Grimm die Erläuterung: »*taub* drückt im Allgemeinen ein Stumpfsein oder Abgestorbensein der Sinne oder eines Sinnes aus, worauf die verschiedenen, nicht immer genau auseinander zu haltenden Bedeutungen zurückzuführen sind.«

Wenn also ein Schwabe sagt, er habe »*daube* Finger«, dann sind sie nicht gehör-, sondern gefühllos und abgestorben. Diese Leblosigkeit kann sich, wie im Fall der *tauben* Nuss – das ist eine Nuss ohne Kern –, bis zur Unfruchtbarkeit steigern. Insofern zielt der »*daube* Seggl« im doppelten Sinne unter die Gürtellinie. Oberhalb derselben kann man dauernd oder vielleicht auch nur zeitweise – etwa nach einer durchzechten Nacht – »an *daube* Grend han«. Hier passt Grimms Übersetzung des mundartlich verwendeten *taub*: »schwer begreifend, dumm, einfältig«.

Bleibt noch der *Siech* zu erklären. Da allerdings führt nun kein Weg mehr an der Einsicht vorbei, dass dieses Wort einen dauerhaft Kranken bis hin zum Aussätzigen kennzeichnet. Das beweist: Political Correctness und spontaner Wutausbruch sind nur schwer unter einen Hut zu kriegen. Und das ist auch gut so. Denn einer, der versucht, beim Schimpfen politisch korrekt zu sein, ist per se ein *dauber Siech*.

Der daube Seggl

Eines der Lieblingsschimpfwörter des Schwaben ist der Seggl. *Was das Wort bedeutet, kann kaum jemand genau sagen, aber es gibt da so eine gewisse Ahnung.*

Den *Seggl* gibt es in vielen Varianten. Sie reichen vom *dauben* über den *Schaf-* bis zum Superlativ *Halbseggl*. Doch wen bezeichnet man als solchen?

Der *Seggl* kann – vergleichbar zum *Arsch* – sowohl beim Äußern von Ärger, Abscheu und Empörung zum Einsatz kommen wie auch als kumpelhaft-anerkennende Benennung für den anderen, etwa, wenn der einen argumentativ Matt gesetzt oder wenn der gerade einen dummen Witz gemacht hat: »Du bisch doch an alder *Seggl*!« Der Ausdruck *Seggl* reagiert also auf ein Verhalten – im Gegensatz etwa zum *Daggl* (Dackel), der sich gegen eine verminderte Verstandesleistung richtet.

Folgende verbürgte Geschichte mag dies verdeutlichen: Ein in Liebesdingen noch wenig erfahrener Oberschüler bearbeitete seine Tanzstundendame, was deren Atemfrequenz deutlich hörbar beschleunigte. Stark beunruhigt fragte der junge Mann: »Was schnaufsch denn so?« Sie aber antwortete: »Du *Daggl*!« Hätte er hingegen dieselbe Frage gestellt, wohl wissend, warum sie so schnauft, hätte die Antwort lauten müssen: »Du *Seggl*!«

Was aber bedeutet denn *Seggl* nun eigentlich? In Fischers Schwäbischem Wörterbuch findet man ihn unter dem Stichwort *Säckel*, womit bereits die Herkunft geklärt ist: *Seggl* ist das schwäbische Diminutiv von *Sack*. Unter den Bedeutungen, die Fischer hier auflistet, interessieren in diesem Zusammenhang die Definitionen »2 c. männliches Glied« und »2 d. Schelte für Männer oder Knaben. Ohne bestimmtere Bedeutung«. Die letzte Bemerkung ist wohl insoweit korrekturbedürftig, als es besser hieße: Keine bestimmte Bedeutung *mehr*. Denn in der Tat wird heutzutage kaum jemand, den man danach fragt, präzise angeben können, was *Seggl* bedeutet. Doch deuten der Umstand, dass nur Männer oder Knaben so bezeichnet werden sowie Bedeutung 2 c. zweifelsfrei auf den Ur-Sinn des Wortes hin, den das Deutsche Wörterbuch der Brüder Grimm ohne Umschweife nennt.

Dort ist unter *Säckel* nachzulesen: »mundartlich Hodensack, daher auch Scheltwort gegen Mannsperson«, womit die Katze aus dem Sack gelassen und eine plausible Erklärung geliefert wäre. Die Frage, wie dieses anatomische Anhängsel zum benachbarten 2 c. umgedeutet werden konnte, muss hier nicht weiter vertieft werden. Jedenfalls verleiht diese Umdeutung dem kombinierten Ausdruck »dauber *Seggl*« einen weiteren – traurigen – Aspekt.

Problematisch ist der *Schafseggl*: Da das männliche Schaf *Widder* oder auf Schwäbisch *Schafbock* heißt, ist das *Schaf* geschlechtsneutral, wenn nicht weiblich, und mithin der *Schafseggl* ein Widerspruch in sich. Dieser Hinweis ist jedoch so besserwisserisch, dass viele ihn als *segglhaft* empfinden möchten.

Der waidägige Waidag

Was ist ein Waidag? *Thaddäus Troll übersetzt dieses Wort mit »nichtsnutziger, schlechter, bösartiger Mensch«. Doch warum nennt man so jemanden* Waidag?

Für polnische Ohren klingt *Waidag* weniger exotisch als für manches deutsche. Denn es gibt eine polnische Vokabel, die zwar anders geschrieben, aber ähnlich gesprochen wird und die auf deutsch »Halunke« bedeutet.

Allerdings ist diese Ähnlichkeit rein zufällig. Der schwäbische *Waidag* ist nämlich nichts anderes als der hochdeutsche *Wehtag*, dem das Grimm'sche Wörterbuch annähernd neun Spalten widmet. Geläufiger, so Grimm, sei die Form *Wehtage* gewesen, wobei *-tage* jedoch keine Mehrzahl, sondern eine Erinnerung an das althochdeutsche *tago* (Tag) gewesen sei.

Wenn sich dieses abschließende *-o* als *-e* gehalten hat, dann wohl deswegen, weil bei dem Begriff *Wehtag* schon bald niemand mehr an einen »*Tag*, an dem man Schmerz empfindet«, dachte. Dieser ursprüngliche Sinn muss schon bald der Bedeutung von »Schmerz«, »Krankheit« oder »Unglück« im Allgemeinen gewichen sein.

Das Wort lässt sich zurückverfolgen bis in die zweite Hälfte des 13. Jahrhunderts. Im 18. Jahrhundert zog es sich aus der Hochsprache in die Mundarten zurück, galt sogar stellenweise als »pöbelhaft«. Im Schwäbischen wurde es *Waidag* gesprochen, in Tirol *Weata*. Die Endung der Form *Wehtagen* schliff sich im Bayrischen ab zu *Weding* oder *Wedung*, zu *Wäiding* in Böhmen und so weiter.

Mit *Wehtag(e)* wurde nach Grimm körperlicher Schmerz jeder Art bezeichnet. Doch ließ sich der Schmerz durch Hinzufügen geeigneter Bestimmungswörter auch lokalisieren. So gab es *Wehtage der Zähne* oder – zusammengesetzt – den *Bauchwehtag*.

Ein besonderer *Wehtag* war der *Sant Valentins Wehtag*, womit nicht etwa der 14. Februar gemeint war, sondern die »Valentins-Krankheit«: die Fallsucht oder Epilepsie. Und damit betreten wir, so brutal man das auch empfinden mag, die Sphäre des schwäbischen Schimpfworts *Waidag*. Laut Fischers Schwäbischem Wörterbuch ist dieser Begriff nämlich auf Menschen übertragen worden, indem er auf Epileptiker und schließlich auch auf »Mensch oder Tier, das viel Ärger verursacht« angewandt wurde. Daneben diente es als Ausruf des Unwillens: O *Waidag*! oder, wie Fischer auch noch mitteilt: Kotz *Waidag*!

Aus *Wehtag* wurde das Verb *wehtagen* abgeleitet, das zunächst »verwunden« bedeutete. In seinem Buch »Volksthümliches aus Schwaben« nennt Anton Birlinger einen unter einem epileptischen Anfall Leidenden einen *Wehtagenden*, was auf Schwäbisch *waidaget* oder *waidagig* heißt – und ebenfalls zum Schimpfwort geriet. Dabei ist es geblieben. Und nun zurück zu Troll: Der hat uns in seiner »Schwäbischen Schimpfwörterei« den Superlativ des *Waidags* mitgeteilt. Es ist der *waidägige Waidag*.

Der Lalle und der Låle

Sie werden oft miteinander verwechselt: der Lalle *und der* Låle. *Dabei sind sie völlig unterschiedlicher Natur – was nicht ausschließt, dass ein* Lalle *auch ein* Låle *ist.*

Es war einmal ein Oberstudienrat, dessen verhaltenes Temperament und singende Intonation auf die Schüler eine narkotisierende Wirkung ausübten. Das blieb dem Pädagogen nicht verborgen. Er flehte dann: »Send doch net so *lååålig*«, eine Aufforderung, die derart beruhigend wirkte, dass sie auch den letzten bis dahin wach Gebliebenen vollends in einen wohligen Unterrichtsschlaf versenkte.

Was sagt uns die Geschichte? Das Eigenschaftswort *lålig*, das wohl vor dem Hauptwort *Låle* da war, deutet auf eine gebremste Agilität, die sich dämpfend auf die Geschwindigkeit der Hirnfunktionen auswirken kann. Das heißt, sie werden zwar langsamer, aber nicht schwächer. Denn ein *Låle* ist kein *Lalle*.

Der inhaltliche Unterschied zwischen *Lalle* und *Låle* lässt sich bei genauem Hinhören aus dem Klang beider Wörter erahnen. Das *-å-* in *Låle* ist mindestens eben so lang wie das *-ah-* in *lahm*. Es macht die damit bezeichnete Schwerfälligkeit hörbar. Das *-a-* in *Lalle* hingegen ist so kurz wie das *-e-* in *Depp*. Das Wort *Lalle* ist geprägt vom *l*, dessen massiertes Auftreten in dieser Vokabel den vollen Einsatz der Zunge verlangt – die auf schwäbisch gerne als *Läll* bezeichnet wird, vor allem, wenn sie groß und breit ist und ihrem Besitzer aus der Gosch hängt.

Lallen ist ein lautmalendes Wort. Es wird gerne verwendet, um die Sprechweise von Betrunkenen und Kleinkindern zu schildern. Säuglinge, die *noch nicht* sprechen können, bilden »Lallwörter«, wie der dafür international gebräuchliche Terminus lautet. Ähnliches tun Menschen, die *nicht mehr* sprechen können, etwa infolge eines fortgeschrittenen Rauschzustandes. Der unterentwickelte bzw. verlorene Verstand also verleiht dem *Lalle* jene Bedeutung, die Fischers Schwäbisches Wörterbuch definiert als »Schelte für einen einfältigen, ungeschickten, plumpen, läppischen Mann oder Knaben.« Wobei hinzuzufügen wäre, dass im *Lalle* – im Gegensatz etwa zum explosiven *Depp* – eine Spur mitleidiger Sympathie mitschwingt, wie man sie unbeholfenen Kindern entgegenbringt.

Lalle, so betont Fischer, hat in Form und Bedeutung nichts zu tun mit *Låle*, der im Wörterbuch unter *La(u)le* zu finden ist als »träger, langsamer, energieloser, unentschiedener, gleichgültiger Mensch«. Das dazugehörige Adjektiv schreibt Fischer *laulig* und verweist dabei auf *laulecht*. Damit verlassen wir die schwäbische Enklave: Im Deutschen Wörterbuch der Brüder Grimm finden wir *laulich* und *laulicht*, zwei Adjektive, die ebenso wie *laulecht* und damit auch *laulig / lålig* auf *lau* zurückgehen. Lauheit aber ist keine Frage der Intelligenz, sondern des Temperaments.

Låle und *Lalle* ergänzen sich mithin vortrefflich und verschmelzen nicht selten zum *låligen Lalle*. Man braucht sich nur umzusehen.

Das Geheimnis des Grasdackels

Ein beliebtes schwäbisches Schimpfwort ist der Grasdackel. *Doch er wirft Fragen auf: Was hat dieser Fleischfresser mit Gras zu tun? Oder: Ist er gar ein Bastard?*

Das Wort *Grasdackel* eignet sich vorzüglich, um die geballte Verachtung gegenüber einem als dumm erachteten Menschen zum Ausdruck zu bringen. Der *Grasdackel* ist der Superlativ des Dackels. Er unterscheidet sich vom *Saudackel* durch das Fehlen des Hasses, der jenem gegenüber mitschwingt, und vom *Halbdackel* durch das Fehlen der Gehässigkeit, die dem so Benannten sogar die Eignung zum *Volldackel* abspricht. Doch warum heißt es nicht *Ober-* oder *Riesen-*, sondern ausgerechnet *Grasdackel*?

Unterstellen wir zunächst einmal, dass die Anwender jenes Schmähwortes spontan formulieren und sich nicht lange den Kopf über den tieferen Sinn der Vokabel zerbrechen. Dass sie geeignet ist, die Dackelhaftigkeit des Beschimpften als extrem zu kennzeichnen, mag an ihrer Lautung liegen, an der Mimik, die zu ihrem Zustandekommen erforderlich ist: Das *Gras-* wird gedehnt gesprochen und gibt dem Sprecher Gelegenheit, den Mund grimassierend zu verzerren, was die Verachtung auch optisch zum Ausdruck bringt. Doch ist es sehr unwahrscheinlich, dass der Erfinder des Begriffes ihn nach visuellen Gesichtspunkten entworfen hat. Also muss das *Gras-* einmal einen Sinn gehabt haben, der uns mittlerweile verloren gegangen ist. Man sucht ihn auch in den einschlägigen Wörterbüchern vergebens; dort stößt man allenfalls auf den *Grasaffen*, der durch Goethe zu literarischen Ehren kam: »Der *Grasaff*! Ist er weg?«, formuliert Mephisto seinen Ärger über Gretchen.

Das Schmähwort spielt an auf die Unreife des Mädchens, und damit nähern wir uns dem *Gras*: Ebenso wie das Adjektiv *grün* –

etwa im *Grünschnabel* – soll es Unerfahrenheit ausdrücken. Demzufolge wäre ein *Grasdackel* ein ahnungsloser, naiver Dummkopf und verwandt mit dem im Schwäbischen Wörterbuch genannten *Grasteufel*, der als »junger, unvergorener, läppischer Bursche« definiert ist.

Es gibt allerdings noch eine andere Erklärung, derzufolge der *Grasdackel* ein deutsch-französischer Mischling ist. Demnach wäre das *Gras-* nicht pflanzlichen Ursprungs, sondern vom französischen Eigenschaftswort *grand* (groß) abgeleitet.

Tatsächlich wurde dieses im Deutschen gerne als »derbes Verstärkungswort« benutzt, wie es im Grimm'schen Wörterbuch heißt, vor allem in den Mundarten. Und so entstanden im Schwäbischen Schimpfworte wie *Grâfetz*, *Grâhur*, *Grâsau* oder – was dasselbe bedeutet – *Grâlaos*, *Grârindviech*, *Grâochs*. Allerdings fällt auf, dass in all diesen Wörtern das *Grâ-* durch die Nase und ohne *-s* am Ende gesprochen wird – im deutlichen Gegensatz zum *Grasdackel* und *Grasaffen*.

Doch ob groß oder grün: Hauptsache, die Beleidigung funktioniert. Wer fragt da schon nach des Grasdackels Kern?

Der Ruf der Ragall

Will man einen liebestollen Schwaben davor bewahren, sich ins Unglück zu stürzen, wird man es am besten versuchen mit der Warnung: »Des isch fei a Allmachtsragall.«

Allmachtsragall – dieses Wort, das so endet, wie es angefangen hat, muss man sich auf der Zunge zergehen lassen. Es zeigt einen für schwäbische Verhältnisse nahezu abartigen Lautstand, denn es enthält keine anderen Vokale als nur das offene, nicht genäselte *a*, welches gleich vier Mal vorkommt.

Das Artikulieren dieses Wortes zwingt den Schwaben, den Mund wider alle Gewohnheit weit aufzutun. Wenn er aber zu einer solchen Sonderleistung bereit ist, muss es dafür einen Grund geben. Er will eine dringende Botschaft – präziser: eine Warnung – vermitteln, die Warnung vor einer außergewöhnlich resoluten, konfliktbereiten und auch akustisch sehr beeindruckenden weiblichen Persönlichkeit.

Allmachtsragall ist ein Superlativ. Die einfache Form lautet *Ragall*. Keiner weiß so recht, was man sich unter diesem Begriff genau vorzustellen hat. Er klingt wie ein ornithologischer Gattungsname, erinnert entfernt an die Nachtigall. Während deren Gesang allerdings der Inbegriff des Wohlklangs ist, gilt der Ruf der *Ragall* eher als schrill. Ihr Verhalten lässt sich vergleichen mit dem eines angriffsbereiten Huhns, das flügelschlagend mit vorgerecktem Hals und aufgerissenem Schnabel laut zeternd auf einen Gegner oder eine Gegnerin zuschießt.

Man findet die *Ragall* nur im Schwäbischen Wörterbuch. Die übrigen Mundart-Lexika kennen sie nicht, die hochsprachlichen schon gleich gar nicht. »Böses Weib«, übersetzt Fischer dieses Hauptwort und nennt daneben das Adjektiv *ragallisch* (wild, zornig, widerwärtig) und das Verbum *ragallen* (schreien, schimpfen).

Das Gesamtbild, das sich daraus ergibt, entspricht weitestgehend dem oben angestellten Vergleich mit dem Kampfhuhn.

Zwar ist *Ragall* ausschließlich schwäbisch, aber nicht vom Ursprung her. Es kommt von französisch *racaille* (Gesindel, Mob, Auswurf der Gesellschaft). Auf die ältere Version *rascaille* geht der englische *rascal* (Gauner, Halunke) zurück, der nicht die Meute als solche, sondern eines ihrer Mitglieder bezeichnet. Er ist somit ein Vetter der *Ragall*, die ursprünglich wohl eine Angehörige des Pöbels war. Doch im Gegensatz zu ihr kann im *rascal* Sympathie mitschwingen wie im »Schlitzohr«, während die kratzbürstige *Ragall* ausschließlich Gänsehaut verursacht.

Verfolgen wir die Spur der *Ragall* über die *rascaille* weiter zurück, landen wir bei dem mittellateinischen Verb *rasicare* (kratzen). Dieses stammt ebenso wie *rasitare* von *radere*. Das bedeutet außer »kratzen« auch »schaben« und »verletzen«, was man zusammenfassen kann in dem ebenfalls daher stammenden *rasieren*. Da es aber kaum etwas Schlimmeres gibt, als von einer *Ragall* *rasiert* zu werden, kann der Hinweis, dass die Angebetete *ragallisch* ist, auch dem blindesten Liebhaber noch die Augen öffnen.

Zur Schreibweise

Die *Herkunft der Wörter* soll erkennbar bleiben. Daher werden *k*, *p* und *t* als solche geschrieben, selbst wenn im Schwäbischen das *k* wie *g*, das *p* wie *b* und das *t* wie *d* ausgesprochen werden. So lassen sich Missverständnisse wie jenes vermeiden, das Wort *krottenfalsch* leite sich von der *Grotte* ab.

Lesegewohnheiten sollen möglichst wenig durch eine übertrieben »schwäbische« Schreibweise beeinträchtigt werden. Zudem wird vorausgesetzt, dass die Leserschaft die schwäbischen Ausspracheregeln kennt, wonach etwa *sp* und *st* nicht nur, wie in der Standardsprache, zu Beginn, sondern meist auch im Wort als *scht* und *schp* ausgesprochen werden (vgl. S. 38). Es bedarf daher keiner *Schbätzla*. Es genügen *Spätzla*, deren Endung *-a* die Mehrzahl vom einzelnen *Spätzle* unterscheidet.

Wo das Alphabet nicht ausreicht, wird es um einige *Sonderzeichen* ergänzt. So steht für den Laut, der zwischen *a* und *o* liegt, ein *å*, das dank des skandinavischen Zuprostens (sk*å*l) auch in Deutschland wohlbekannt ist. Nasale können durch ein Dächle (ˆ) kenntlich gemacht werden, welches das im Nasenlaut aufgegangene *n* vertritt. Mit diesen Sonderzeichen lassen sich zum Beispiel n*å* (dann), n*ââ* (hinan) und n*aa* (hinab) unterscheiden.

Diese Regeln gelten nur im Prinzip. Manchmal ist *Inkonsequenz* angebracht, etwa beim schwäbischen Lieblingsschimpfworts *dauber Seggl*. Den müsste man, ginge es nach der korrekten Etymologie, *tauber Säckel* oder wenigstens *tauber Seckel* schreiben. Aber die einseitig an der Aussprache ausgerichtete Schreibweise *dauber Seggl* hat ihre eigene Ästhetik, die stark genug ist, um ihr – ausnahmsweise – die herkunftsorientierte Schreibart zu opfern.

Literatur

Bach, Adolf: *Geschichte der Deutschen Sprache.* 9. Auflage, Wiesbaden 1970.

Baur, Gerhard W.: *Bibliographie zur Mundartforschung in Baden-Württemberg, Vorarlberg und Liechtenstein.* (Idiomatica 7) Tübingen 1978.

Bohnenberger, Karl: *Die Mundarten Württembergs. Eine heimatkundliche Sprachlehre.* Stuttgart 1928.

Brechenmacher, Josef Karlmann: *Schwäbische Sprachkunde in ausgeführten Lehrbeispielen. Versuch einer bodenständigen Grundlegung des schaffenden Deutschunterrichts.* Stuttgart 1925 (Reprint Saulgau 1987).

Fischer, Hermann: *Geographie der schwäbischen Mundart.* Tübingen 1895.

Hertz, Georg: *So reich ist die Welt! Leben eines Schwaben.* Leipzig 1937.

Herz, Dieter: *Das »I freilich!« der Gustel aus Blasewitz in »Wallensteins Lager«.* In: Arno Ruoff und Peter Löffelad (Hgg.): Syntax und Stilistik der Alltagssprache. Beiträge der 12. Arbeitstagung zur alemannischen Dialektologie, 25. bis 29. September 1996 in Ellwangen/Jagst. Tübingen 1997, S. 263–265.

Jacobi, Franz: *Schwäbische und schwäbisch-neuhochdeutsche Lehnwörter mit lateinischer und lateinisch-romanischer Grundlage.* In: Alemannia, Zeitschrift für Sprache, Kunst und Altertum besonders des alemannisch-schwäbischen Gebiets. XXIV. Band. Bonn 1897.

Kirchmeier, Monika: *Entlehnung und Lehnwortgebrauch, untersucht am französischen Einfluß auf die württembergischen Mundarten und am württembergischen Einfluß auf die Sprache im Pays de Montbéliard.* (Idiomatica 3) Tübingen 1973.

König, Werner: *dtv-Atlas zur deutschen Sprache.* 6. Auflage, München 1985.

Lentilius, Rosinus: *Neue Beschreibung des zu Göppingen im löbl. Hertzogtume Würtenberg gelegenen edlen, berühmt- und uralten Sauer-Brunnen.* Stuttgart 1725.

Neues Göppinger Kochbuch. Hgg. von Karl-Heiz Rueß. Veröffentlichungen des Stadtarchivs Göppingen, Bd. 37. Göppingen 1998.

Ruoff, Arno: *Der Schwabe und sein Schwäbisch.* In: Schwabenbilder. Zur Konstruktion eines Regionalcharakters. Tübingen 1997, S. 39–42.

Ruoff, Arno: *Sprachvarietäten in Süddeutschland.* In: Varietäten des Deutschen. Hgg. von Gerhard Stickel. Berlin, New York 1997, S. 142–154.

Seibicke, Wilfried: *Wie sagt man anderswo. Landschaftliche Unterschiede im deutschen Wortgebrauch.* Mannheim 1972.

Lexika:

Badisches Wörterbuch. Vorbereitet von Friedrich Kluge. Bearbeitet von Ernst Ochs, Karl Friedrich Müller und Gerhard W. Bauer. Bd. I ff. Lahr 1925 ff.

Deutsches Fremdwörterbuch. Weitergeführt im Institut für Deutsche Sprache. Begonnen von Hans Schulz. Fortgeführt von Otto Basler. 6 Bände. Berlin, New York 1913–1983.

Duden. Das große Wörterbuch der deutschen Sprache in 8 Bänden. Herausgegeben von Günther Drosdowski. 2. Auflage, Mannheim, Leipzig, Zürich 1993–1998.

Duden. Deutsches Universalwörterbuch. Herausgegeben von Annette Klosa. 4. Auflage, Mannheim, Wien, Zürich 2001.

Grimm, Jacob; Grimm, Wilhelm: *Deutsches Wörterbuch. Bd. I–XVI.* Leipzig 1854–1960. Quellenverzeichnis 1971. Nachdruck: München 1984.

Kluge, Friedrich: *Etymologisches Wörterbuch der deutschen Sprache.* Bearbeitet von Elmar Seebold. 23. Auflage, Berlin, München, New York 1995.

Küpper, Heinz: *Illustriertes Lexikon der deutschen Umgangssprache in 8 Bänden.* Stuttgart 1982–1984.

Lexer, Matthias: *Mittelhochdeutsches Handwörterbuch.* Zugleich als Supplement und alphabetischer Index zum Mittelhochdeutschen Wörterbuch von Benecke-Müller-Zarncke. Bd. I–III. Leipzig 1872–1878.

Robert, Paul: *Dictionnaire alphabétique et analogique de la langue française: les mots et les associations d' idées.* 6 Bände. Paris 1966.

Schade, Oskar: *Althochdeutsches Wörterbuch.* 2. Auflage, Halle a. d. Saale 1872–1882.

Schmeller, Johann Andreas: *Bayerisches Wörterbuch.* Bearbeitet von Georg Carl Frommann. Bd. I–II. 2. Auflage, München 1872/77. Nachdruck: München, Wien, Aalen 1983 und München 1985.

Schmid, Johann Christoph: *Versuch eines schwäbischen Idiotikon.* Berlin und Stettin 1795.

Schwäbisches Handwörterbuch. Auf der Grundlage des »Schwäbischen Wörterbuchs« von Hermann Fischer und Wilhelm Pfleiderer bearbeitet von Hermann Fischer und Hermann Taigel. 3., erweiterte Auflage, Tübingen 1999.

Schwäbisches Wörterbuch. Auf Grund der von Adelbert v. Keller begonnenen Sammlungen und mit Unterstützung des württembergischen Staates, bearbeitet von Hermann Fischer, zu Ende geführt von Wilhelm Pfleiderer. Bd. I–VI. Tübingen 1904/36.

Schweizerisches Idiotikon. Wörterbuch der schweizerdeutschen Sprache; ges. unter Beihülfe aus allen Kreisen d. Schweizervolkes. Begonnen von Friedrich Staub et al. und fortgesetzt unter Leitung von Albert Bachmann. 15 Bände. Frauenfeld 1881–1999.

Register

H

R

S

T

U

V

Abkürzungen:

afrz = altfranzösisch
agr = altgriechisch
ahd = althochdeutsch
bair = Bayrisch
böhm = böhmisch
engl = englisch
frz = französisch
gall = gallisch
got = gotisch
heth = hethitisch
idg = indogermanisch
it = italienisch
lat = lateinisch
mhd = mittelhochdeutsch
mlat = mittellateinisch
ngr = neugriechisch
pfälz = pfälzisch
sächs = sächsisch
serbo-kr = serbokroatisch
sp = spanisch
tirol = tirolisch
ung = ungarisch